Arbeitstexte für den Unterricht

# Gedichte der Romantik

Für die Sekundarstufe
herausgegeben von
Wilhelm Große



Philipp Reclam jun. Stuttgart

Universal-Bibliothek Nr. 15023

Gesamtherstellung: Reclam, Ditzingen. Printed in Germany 1998

ISBN 3-15-015023-X

# Inhalt

# I. Einleitung

Nicht wenige, die heute die Begriffe »Romantik« und »romantisch« hören, werden an Sonnenauf- und -untergänge am Meer, an eine Landschaft im Abendrot denken, an eine Gesellschaft, gruppiert bei Nacht um ein Lagerfeuer, oder ein Liebespaar, rudernd in einem Kahn auf einem ruhigen See. Es werden auch Vorstellungen von Gefühl, Phantasie, Introvertiertheit, Naturverbundenheit und Weltfremdheit wachgerufen. Diese Bilder und Vorstellungen haben jedoch nur wenig mit den Begriffen »Romantik« und »romantisch« zu tun, wenn sie als Bezeichnung für jene geistige, künstlerische, insbesondere literarische Bewegung verwendet werden, die zwischen 1790 und 1850 in ganz Europa, in Deutschland vor allem zwischen 1793 und 1830 das kulturelle Leben mitbestimmte. Das Wort »Romantik« leitet sich aus dem Altfranzösischen »romanz«, »romant« her, womit eine in der Volkssprache verfaßte Erzählung bezeichnet wurde, im Gegensatz zu dem in der lingua latina geschriebenen höfischen Versepos. Im Sinne der begrifflichen Verwandtschaft von Roman und Romanze übernahm im Laufe des 18. Jahrhunderts in Deutschland der Begriff »romantisch« die Bedeutungsinhalte »übertrieben«, »zügellos«, »phantastisch«, »wunderbar«, »unwirklich« und »unwahr« und erhielt so vor allem im Munde der Aufklärer einen eher abwertenden Klang, während ihn die Romantiker selbst als nunmehr programmatischen Begriff verwendeten und damit das Nichtklassische meinten, so daß schließlich die Begriffe »romantisch« und »klassisch« im Sinne der Opposition »modern« und »klassisch/antik« verstanden werden können.

Als Beginn der literarischen Romantik in Deutschland könnte – sucht man nach einem signifikanten Datum – das Jahr 1793 angesehen werden, in dem Wilhelm Heinrich Wackenroder und Ludwig Tieck auf einer gemeinsamen Wanderung in Nürnberg das Mittelalter, seine Kunst und

Religiosität als Gegen- und als Vorbild ihrer eigenen Zeit entdeckten. Schon sie sind ein frühes Beispiel dafür, daß die Dichter der Romantik sich gerne zu Gruppen zusammenschlossen.

Ein erster Kreis von Romantikern fand sich 1798 in Jena, ganz in der Nähe von Weimar, dem Zentrum der Klassik, zusammen (Jenaer Romantik oder Frühromantik). Hier trafen sich Friedrich von Hardenberg (Novalis), Friedrich und August Wilhelm Schlegel, Ludwig Tieck, der Theologe Schleiermacher, die Philosophen Fichte und Schelling und der Naturwissenschaftler Johann Wilhelm Ritter. Ihre Programmschrift war das von den Brüdern Schlegel herausgegebene *Athenäum*. In Heidelberg trat 1805 und insbesondere in den Jahren 1808/09 eine zweite Gruppe hervor (die sogenannte Heidelberger Romantik oder Hochromantik), mit Achim von Arnim, Clemens Brentano, Joseph von Eichendorff, Joseph Görres, Friedrich Creuzer und den Brüdern Jacob und Wilhelm Grimm. Sie scharten sich um ihr Organ, die *Zeitschrift für Einsiedler*. Vor allem aus diesem Heidelberger Kreis stammten die Sammlungen und Bearbeitungen sogenannter Volksliteratur. Arnim und Brentano gaben die wohl berühmteste und für die romantische Lyrik wegweisende Volksliedsammlung *Des Knaben Wunderhorn* (1806–08) heraus, Görres *Die teutschen Volksbücher* (1808). Schließlich legten Jacob und Wilhelm Grimm die Sammlung der *Kinder- und Hausmärchen* (1812–15) und die *Deutschen Sagen* (1816–18) vor. Das Interesse des Heidelberger Kreises an der Volksdichtung erklärt sich daraus, daß man in den Dichtungen des »Volksgeistes« ursprüngliche Äußerungen des poetischen Geistes in Form der Naturpoesie vorzufinden glaubte. Ihnen sollte die moderne Poesie an die Seite treten, damit sich Kunst- und Naturpoesie »bald mischen, bald verschmelzen«, wie es Friedrich Schlegel in seinem 116. *Athenäums*-Fragment von der romantischen Poesie forderte.

Wiederholt wurde neben Dresden, wo sich außer Kleist, der dort die Zeitschrift *Phöbus* herausgab, Friedrich Gottlob

Wetzel, der Staatsrechtler Adam Heinrich Müller und der Naturphilosoph Gotthilf Heinrich Schubert zu einer losen Gruppe zusammenschlossen, Berlin zum Mittelpunkt romantischer Dichtergruppierungen. Mit der schwäbischen oder süddeutschen Romantik bildete sich nach 1810 ein weiterer Autorenkreis heraus, dem u. a. Uhland, Kerner, Schwab und Hauff angehörten (Spätromantik).
All diesen romantischen Gruppierungen ist gemeinsam, daß sie sich – wenn auch in jeweils modifizierter Form – jenem Programm verpflichtet fühlten, das Friedrich Schlegel in seinem bereits erwähnten Athenäums-Fragment formuliert hatte. »Die romantische Poesie ist eine progressive Universalpoesie.« Romantische Poesie verstand sich also von Beginn an als eine Dichtung »im Werden«. Schlegel verlangt von der Universalpoesie, daß sie sich weiterentwickle, ältere Dichtungsstufen in sich aufnehme und dabei zu einer Synthese des Gegensätzlichen strebe. »Ihre Bestimmung ist« – so fährt er fort – »nicht bloß, alle getrennte Gattungen der Poesie wieder zu vereinigen« (entsprechend versuchte der romantische Roman alle Gattungen in sich zu vereinigen), sie soll auch die Unterschiede zwischen Poesie, Philosophie und Rhetorik aufheben, alle drei »in Berührung setzen«. Die romantische Poesie will »Poesie und Prosa, Genialität und Kritik [...] bald mischen bald verschmelzen«. Schlegels Forderung geht so weit, daß die Grenzen zwischen Poesie und Leben verwischt, sogar aufgehoben werden. Das Leben selbst – das ist das Ziel des romantischen Programms – soll poetisiert werden, die Poesie soll ihren Unterschied zum Leben aufheben. Das ist eine geradezu utopische Forderung, formuliert von einer kleinen avantgardistischen Gruppe, die teilweise versuchte, diese Forderung auch zu leben. Solche Lebensexperimente waren zum Scheitern verurteilt, und es ist später festzustellen, daß sich mancher Romantiker aus einer »ästhetischen Existenzform« in eine gesicherte und ihn sichernde bürgerliche Position rettete.
Ihrem eigenen Selbstverständnis nach gibt es keinen Bruch zwischen der romantischen Dichtung und der vorangegan-

genen Literatur. Jene will nur weiterführen, was dort angelegt ist. Zumindest die Frühromantik ist Kritik und Weiterführung der Aufklärung zugleich. Daß die Romantik einen Gegensatz zur Aufklärung bilde, ist eine Behauptung, die erst von den Spätromantikern aufgestellt wurde. Die Romantik führt auch Tendenzen des Sturm und Drang weiter und bildet nicht einfach den Gegensatz zur Klassik; denn genauso wie diese ist sie in weiten Teilen nur verstehbar als literarische Reaktion auf die Französische Revolution, die als soziales und ideengeschichtliches Ereignis intellektuell und literarisch verarbeitet wird. Und auch darin unterscheidet sich die Romantik nicht von der Klassik: Klassiker und Romantiker suchen nach einer neuen Mythologie, um eine mythenarme Zeit in ein neues Zeitalter zu führen. Poesie gewinnt damit eine utopische Dimension, sie erhält Züge eines utopischen Entwurfs, sei es, daß man das Mittelalter und die mittelalterliche, ständische Gesellschaft einer krisenhaft erfahrenen Gegenwart entgegensetzt, sei es, daß man in der Form des Märchens ein Reich allseitiger Versöhnung entwirft. Von der Versöhnung von Natur und Geist zu künden ist Aufgabe des Dichters, eine deutliche Aufwertung seiner Funktion, wird er doch so zum Künder und Propheten. Novalis setzt sogar Dichter und Priester in eins: »Dichter und Priester waren im Anfang eins – und nur spätere Zeiten haben sie getrennt. Der echte Dichter ist aber immer Priester« (Novalis: Werke. Hrsg. u. komm. von Gerhard Schulz. München 1969. S. 340). Der Dichter ein Priester, die Kunst übernimmt die Funktion der Religion, wird Kunstreligion. Damit wird die Kunst mehr als nur Dekoration des Alltags, wie sie allenfalls der Philister gebraucht. Novalis bemerkt einmal: »Philister leben nur ein Alltagsleben. [...] Poesie mischen sie nur zur Notdurft unter, weil sie nun einmal an eine gewisse Unterbrechung ihres täglichen Laufs gewöhnt sind« (ebd., S. 354). Romantische Poesie will mehr sein. Sie entsteht aus dem Unbehagen an der Normalität, will die Wirklichkeit dem alltäglichen Blick entziehen, indem sie sie »romantisiert«, sie öffnet für das Wunderbare, Phantastische, das Zukünftige und Utopische. Aber sie gibt auch den Blick frei auf das Groteske, Nachtseitige, das ebenfalls Teil dieser Wirklichkeit ist. Aufgabe romantischer Poesie ist es, die Welt, wie wir sie erfahren, wieder als Mitteilung zu verstehen. Alles, so sagt Novalis, was wir erfahren, ist »eine Mitteilung. So ist die Welt in der Tat eine Mitteilung – Offenbarung des Geistes. Die Zeit ist nicht mehr, wo der Geist Gottes verständlich war. Der Sinn der Welt ist verloren gegangen. Wir sind beim Buchstaben stehn geblieben. Wir haben das Erscheinende über der Erscheinung verloren« (ebd., S. 401). Romantische Poesie versucht also, die Erscheinung auf das in ihr Erscheinende hin transparent zu machen und den Menschen das »Buch der Welt« wieder lesen zu lassen.

Der romantische Dichter kann – wie Friedrich Schlegel sagt – für sich in Anspruch nehmen, daß er »kein Gesetz über sich leide«. Er besitzt die Freiheit, sich über alles, auch die eigene Kunst, zu erheben und die Welt nach seinem Willen zu gestalten, Gestaltetes aber auch immer wieder zu annullieren, zwischen Darstellung und Dargestelltem in seinem Werk zu schwanken, d. h. immer wieder – und das macht einen Teil der sogenannten romantischen Ironie aus – im Werk selbst auf dessen vorläufigen Charakter zu verweisen, dessen Fiktionalität zu steigern und das Mediale der Gestaltung hervorzukehren. Die romantische Poesie »kann am meisten zwischen dem Dargestellten und dem Darstellenden, frei von allem realen und idealen Interesse auf den Flügeln der poetischen Reflexion in der Mitte schweben, diese Reflexion immer wieder potenzieren und wie in einer endlosen Reihe von Spiegeln vervielfachen« (116. *Athenäums*-Fragment). Deshalb auch gibt die romantische Dichtung dem Ungeordneten, »Chaotischen« den Vorzug vor der Harmonie. Sie drückt sich entsprechend im Fragment, in der Notiz, im Aphorismus aus, wählt die Arabeske oder die Skizze. Als Tendenz ist ihr eigen, daß sie immer wieder das in sich Geschlossene, die klassische Einheit, zugunsten des Unendlichen aufbricht und vereinigt, was die Klassik zu

scheiden versuchte: Natur und Geist, Endlichkeit und Unendlichkeit, Vergangenes und Zukünftiges.
Was bislang über das Selbstverständnis romantischer Dichter und deren Auffassung romantischer Poesie gesagt worden ist, gilt auch für die romantische Lyrik. Aber sie ist in besonderer Weise Mißverständnissen ausgesetzt, denn spricht man von der Lyrik der Romantik, so wird heute eine Fülle von Vorstellungen geweckt, die zu einem bestimmten, jedoch einseitigen Bild führen. Namen werden wachgerufen: Novalis, Tieck, Brentano, Eichendorff, vielleicht auch Wilhelm Müller, Loeben, die Brüder Schlegel, Heine. Ein umfangreiches Bilderarsenal eröffnet sich. Figuren beleben die Szene: Studenten, Jäger, Jungfrauen, Ritter, umherziehende Sänger. Sie träumen, blicken aus dem Fenster, lauschen in die Ferne, wandern, singen. Landschaftselemente bilden eine Szenerie, bestehend aus Tälern, Anhöhen, Gebirgen, Wäldern, romantischen, in sich verschlungenen Gärten, Mühlen und Dörfern. Bestimmte Klänge mischen sich ein: das Rauschen des Baches, der Vogelgesang, der Hörnerklang. Mit all dem verbinden sich noch Stimmungen wie Wehmut, Sehnsucht, ungewisse Hoffnung, Zuversicht.
Erweckt romantische Lyrik bei den einen jene Assoziationen, erinnert sie andere vielleicht an jene Fülle von Vertonungen durch Franz Schubert, Karl Loewe, Felix Mendelssohn-Bartholdy, Robert Schumann oder Johannes Brahms und Hugo Wolf, welche sie erst recht bekannt gemacht haben. Statt der Namen, typischer Bildelemente oder einiger Vertonungen mögen wieder anderen bestimmte Gedichtzeilen einfallen, vor allem dann, wenn die Gedichte gleich Volksliedern einen höchsten Grad an Popularität gewonnen haben: »Am Brunnen vor dem Tore«, »Es war als hätt' der Himmel die Erde still geküßt«, »Das Wandern ist des Müllers Lust«, »Ich weiß nicht, was soll es bedeuten«.
Eine Auswahl zur Lyrik der Romantik wird auf die hier genannten Vorstellungen und Erwartungen eingehen müssen, eine Sammlung, die primär für Schüler eingerichtet ist,

muß darüber hinaus noch anderes in Rechnung stellen. Schüler kennen ›romantische‹ Lyrik in ihrer trivialisierten Form, als Versatzstück der Werbung, als Schlagertext. So neigen sie dazu, ihr Urteil, es handle sich um Sentimentalität und Kitsch, auf die Lyrik der Romantik historisch undifferenziert zurückzuprojizieren.

Die Zusammenstellung und Besprechung der Gedichte muß darauf angelegt sein, der romantischen Lyrik den Charakter der vermeintlichen Einfachheit und Naivität zu nehmen, ist sie doch, das hat die Forschung der letzten Jahrzehnte, ein altes Bild korrigierend, erwiesen, in höchstem Maße »konstruierte« Lyrik, »sentimentalische Dichtung« im Schillerschen Sinn. Sie wird zwar, wie eigentlich nur noch die Lyrik des jungen Goethe, zum Paradigma von lyrischer Dichtung überhaupt erhoben, ist aber in Wirklichkeit alles andere als zeit- und weltlos, reiner unmittelbarer Ausdruck der Subjektivität. Im Gegenteil, sie antwortet als lyrisches Experiment auf zeitgenössische Artikulationsbedürfnisse, ist zutiefst geprägt von dem Vorhaben einer »Romantisierung des Lebens« überhaupt.

Was ihr bereits den Charakter der Unmittelbarkeit nimmt, ist ein Blick in den ursprünglichen Kontext, in dem diese Dichtung entstand, denn sie ist nicht Aussprache eines Ich, nicht einmal Aussprache eines allgemeinen lyrischen Ich, sondern zumeist – das gilt zumindest für die Frühphase romantischer Lyrik – eingebunden in einen Roman, eine Erzählung, ein Drama oder einen lyrischen Zyklus und ist damit Rollenlyrik, einem fiktiven, aber durch den Zusammenhang genau bestimmbaren Sprecher in den Mund gelegt. Erst die spätere Herausgeberpraxis hat viele Gedichte aus ihrem erzählerischen oder dramatischen Kontext gelöst und sie selbständig gemacht, nun ohne den sie relativierenden, problematisierenden oder gar sie widerlegenden Kontext.

Es mag überraschend klingen, aber auch die romantische Lyrik nimmt teil an modernem reflexivem Bewußtsein. Was sich so schlicht gibt, ist dennoch in vielen Fällen getragen von der romantischen Ironie. Nicht erst Heine also bedient sich ironischer Brechungen, indem er mit romantischen Versatzstücken lustvoll und demonstrativ jongliert oder durch seine berühmt gewordene Pointierung der Texte die einmal erzeugte Stimmung schließlich umkippen läßt. Jene Rollengedichte, die viele Texte zunächst waren, sind selbst häufig ironisch-gebrochene Produkte sentimentalisch dichtender Künstlernaturen.

Romantische Lyrik ist ursprünglich eine Dichtungsform, die in einem Kreis Gleichgesinnter entstand und rezipiert wurde. Die fraternalen Bedingungen ihrer Entstehung und Distribution hat Wolfgang Frühwald hervorgehoben. Auf diese »Arkanöffentlichkeit«, die ursprünglich die romantische Lyrik trug, deutet auch ihr literarischer Charakter hin, denn sie ist, wie Frühwald nachwies, Literatur, die vom literarischen Zitat und Selbstzitat lebt.

Romantische Lyrik kennzeichnet eine spezifische Form von Bildlichkeit mit Verweisungscharakter. Diese Bilder beherrschten in veräußerlichter Gestalt und klischiert die epigonale Lyrik bis in unser Jahrhundert und treiben ihr Unwesen noch in den Schlagertexten der Gegenwart. Sicherlich haben die Romantiker solchem Mißverständnis insofern Vorschub geleistet, daß sie die Bildlichkeit sehr bald zu Formeln verwandelten, die sie gleichsam als Geheimsprache unter sich austauschen konnten. Man wird aber dieser Bildersprache nur gerecht, wenn man sie als Metaphorisierung aller Gegenständlichkeit begreift. In der poetischen Sprache sollte die Natursprache vernehmbar werden, und im Anschluß an die Identitäts- und Naturphilosophie der Zeit und in der Aktualisierung hermetischer Denktraditionen – insbesondere durch die Wiederentdeckung Jakob Böhmes und seines Werkes – wurde Natur als Hieroglyphe oder Chiffre des Göttlichen verstanden. »Natura loquitur«: nach diesem Motto bildete die romantische Lyrik die Möglichkeit, die Natursprache in der Naturpoesie vernehmbar zu machen. Jedoch nicht jeder, nur der Eingeweihte, nicht der Philister, versteht diese Sprache, vermag ihre Chiffren zu entziffern. Natur ist sichtbare Theologie. Der Lyriker findet das Zauberwort, das die Natur zum Sprechen bringt und den Menschen wieder in den verlorengegangenen Einklang mit ihr zurückzubringen vermag. Nach dem triadischen Denk- und Geschichtsschema stellt sich die ursprüngliche Einheit von Mensch und Natur aber erst in der Zukunft wieder her. Es ist dieses transitorische Bewußtsein und, ihm entsprechend, der transitorische Charakter dieser Dichtung, der dazu führt, daß romantische Lyrik oft viel zu eng nur als »Stimmungslyrik« verstanden wird. »So ist die Seele des Künstlers oft von wunderlichen Träumen befangen«, kommentiert einmal der Erzähler Franz Sternbalds Stimmungen in Tiecks Roman, »denn jeder Gegenstand der Natur, jede bewegte Blume, jede ziehende Wolke ist ihm eine Erinnerung oder ein Wink in die Zukunft. Heereszüge von Luftgestalten wandeln durch seinen Sinn hin und zurück, die bei den übrigen Menschen keinen Eingang antreffen: besonders ist der Geist des Dichters ein wenig bewegter Strom, dessen murmelnde Melodie in keinem Augenblicke schweigt, jeder Hauch rührt ihn an und läßt eine Spur zurück, jeder Lichtstrahl spiegelt sich ab, er bedarf der lästigen Materie am wenigsten, und hängt am meisten von sich selbst ab, er darf in Mondschimmer und Abendröte seine Bilder kleiden, und aus unsichtbaren Harfen niegehörte Töne locken, auf denen Engel und zarte Geister herniedergleiten, und jeden Hörer als Bruder grüßen [. . .]. In jenen beklemmten Zuständen des Künstlers liegt oft der Wink auf eine neue nie betretene Bahn, wenn er mit seinem Geiste dem Liede folgt, das aus ungekannter Ferne herübertönt. Oft ist jene Ängstlichkeit ein Vorgefühl der unendlichen Mannigfaltigkeit der Kunst, wenn der Künstler glaubt, Leiden, Unglück oder Freuden zu ahnden« (*Franz Sternbalds Wanderungen.* In: Ludwig Tieck, Werke. Hrsg. von Marianne Thalmann. Bd. 1. München 1963. S. 741 f.). Das dichterische Ich erfährt die vorgängige Einheit von Ich und Welt, wenn es sich für seine Stimmungen öffnet. Auch die Natur kennt eine solche unter ihrer sichtbaren Oberfläche liegende Gestimmtheit, denn Natur und Mensch sind einander nicht fremd, sondern beide unterschiedliche Äußerungsformen des Geistes. Insofern kann der Mensch mit dem Gestimmtsein der Natur eins werden, so die vorbewußte Einheit des Lebens wiederherstellend. Die romantischer Lyrik oft zum Vorwurf gemachte »Unverständlichkeit«, ihre »Inhaltslosigkeit«, ihr Sich-Auflösen in reinen Klang haben hier ihren Grund. Bilder und Metaphern verflüchtigen sich, Zusammenhänge werden verwischt, die Gedichte erhalten ihren wenig konkreten, abstrakten Charakter. Was dies für die lyrische Sprache bedeutet, kann einem Zitat August Wilhelm Schlegels entnommen werden, der über die Gedichte Tiecks wie folgt spricht: »Die Sprache hat sich gleichsam alles Körperlichen begeben und löst sich in einen geistigen Hauch auf. Die Worte scheinen kaum ausgesprochen zu werden, so daß es fast noch zarter wie Gesang lautet: wenigstens ist es die unmittelbarste und unauflöslichste Verschmelzung von Laut und Seele, und doch ziehen die wunderbaren Melodien nicht unverstanden vorüber. [...] In diesen klaren Tautropfen der Poesie spiegelt sich alle die jugendliche Sehnsucht nach dem Unbekannten und Vergangenen, nach dem, was der frische Glanz der Morgensonne enthüllt und der schwülere Mittag wieder mit Dunst umgibt; die ganze ahndungsvolle Wonne des Lebens und der fröhliche Schmerz der Liebe« (*Athenäum* I).

Auswahl und Zusammenstellung der hier vorgelegten Gedichte wurden durch folgende Gesichtspunkte bestimmt:

Der beschränkte Raum machte eine strenge Auswahl notwendig. Sichergestellt werden mußte, daß zumindest jene Texte zum Abdruck kamen, die heute zum »kanonischen« Bestand romantischer Lyrik gezählt werden, d. h., die in keiner umfassenden Anthologie zur deutschen Lyrik oder in keiner speziellen Anthologie zur Lyrik der Romantik fehlen.

So hat sich der Herausgeber im wesentlichen auf die Autoren Novalis, Tieck, Brentano, Eichendorff, Wilhelm Müller und Heine beschränkt, allerdings auch Gedichte von Loe-

ben, Kerner und Uhland aufgenommen. Ausgeschlossen bleiben mußten Autoren wie Karoline von Günderode, Luise Hensel, Friedrich Schlegel u. a., die alle durchaus einen eigenen, individuellen Ton in das Konzert der Stimmen hätten einbringen können. Friedrich Hölderlin wurde seiner eindeutigen Sonderstellung wegen nicht aufgenommen. Um klare Abgrenzungen ziehen zu können, entschied sich der Herausgeber außerdem dafür, auf Gedichte von Ernst Moritz Arndt, Max von Schenkendorf, Heinrich von Kleist oder Theodor Körner zu verzichten. Sie entstanden zwar in den ersten zwei Jahrzehnten des 19. Jahrhunderts, und das nationale und politische Engagement dieser Texte im Zusammenhang mit den Befreiungskriegen läßt sich durchaus mit romantischen Bestrebungen vermitteln, aber dennoch sollten auch sie ausgeschlossen bleiben, weil sie eine andere, für die romantische Lyrik weniger gültige Tonart anschlagen.
Eine weitere Einschränkung muß noch begründet werden: Die sogenannte Spätromantik oder die Schwäbische Schule sind nur durch wenige Gedichtbeispiele repräsentiert, obwohl sie doch über Jahrzehnte das Bild der Romantik und insbesondere der romantischen Lyrik nachhaltig bestimmt haben. Um aber diese Sicht romantischer Lyrik zu korrigieren, legt unsere Anthologie den Schwerpunkt auf die frühen, wichtigeren Zeugnisse. Lediglich mit den Gedichten Eichendorffs, Wilhelm Müllers und Uhlands ist die Spätromantik vertreten. An das Ende der Auswahl wurde Heinrich Heine mit einem kleinen Ensemble von Gedichten gestellt, denn er versteht es wie kein anderer, mit Topoi der romantischen Lyrik zu spielen, was seinem *Buch der Lieder* sogar den Ruf einbrachte, *das* Buch romantischer Lyrik zu sein; gleichzeitig aber hebt Heine durch seinen ironischen Ton die romantische Lyrik auf und zeigt, daß sie – vom Philister mißverstanden – zur »Teetischpoesie« verkommen war.
Die Anordnung der Gedichte erfolgte nicht nach Themenkreisen, was denkbar gewesen wäre, aber bereits eine einseitige, didaktische Aufbereitung bedeutet hätte. Statt dessen

wurde ein neutrales Anordnungsprinzip gewählt: die chronologische Folge der Verfasser und der Gedichte, die bei den Gedichten allerdings nicht immer einwandfrei festzustellen ist.

Die gewählte neutrale Gliederung und Anordnung der Texte, deren thematische Breite und der Reichtum der Formen sollen zusammen eine weitgehend ungelenkte Arbeit mit den Gedichten ermöglichen. Diese können sowohl zur Vermittlung literaturhistorischer Kenntnisse als auch zur Einführung in verschiedene lyrische Genres herangezogen werden.

# II. Texte

## *1. Novalis (Friedrich von Hardenberg): Hymnen an die Nacht*

1.

Welcher Lebendige, Sinnbegabte, liebt nicht vor allen Wundererscheinungen des verbreiteten Raums um ihn, das allerfreuliche Licht – mit seinen Farben, seinen Strahlen und Wogen; seiner milden Allgegenwart, als weckender Tag. Wie des Lebens innerste Seele atmet es der rastlosen Gestirne Riesenwelt, und schwimmt tanzend in seiner blauen Flut – atmet es der funkelnde, ewigruhende Stein, die sinnige, saugende Pflanze, und das wilde, brennende, vielgestaltete Tier – vor allen aber der herrliche Fremdling mit den sinnvollen Augen, dem schwebenden Gange, und den zartgeschlossenen, tonreichen Lippen. Wie ein König der irdischen Natur ruft es jede Kraft zu zahllosen Verwandlungen, knüpft und löst unendliche Bündnisse, hängt sein himmlisches Bild jedem irdischen Wesen um. – Seine Gegenwart allein offenbart die Wunderherrlichkeit der Reiche der Welt.

Abwärts wend ich mich zu der heiligen, unaussprechlichen, geheimnisvollen Nacht. Fernab liegt die Welt – in eine tiefe Gruft versenkt – wüst und einsam ist ihre Stelle. In den Saiten der Brust weht tiefe Wehmut. In Tautropfen will ich hinuntersinken und mit der Asche mich vermischen. – Fernen der Erinnerung, Wünsche der Jugend, der Kindheit Träume, des ganzen langen Lebens kurze Freuden und vergebliche Hoffnungen kommen in grauen Kleidern, wie Abendnebel nach der Sonne Untergang. In andern Räumen schlug die lustigen Gezelte das Licht auf. Sollte es nie zu seinen Kindern wiederkommen, die mit der Unschuld Glauben seiner harren?

Was quillt auf einmal so ahndungsvoll unterm Herzen, und verschluckt der Wehmut weiche Luft? Hast auch du ein

Gefallen an uns, dunkle Nacht? Was hältst du unter deinem Mantel, das mir unsichtbar kräftig an die Seele geht? Köstlicher Balsam träuft aus deiner Hand, aus dem Bündel Mohn. Die schweren Flügel des Gemüts hebst du empor. Dunkel und unaussprechlich fühlen wir uns bewegt – ein ernstes Antlitz seh ich froh erschrocken, das sanft und andachtsvoll sich zu mir neigt, und unter unendlich verschlungenen Locken der Mutter liebe Jugend zeigt. Wie arm und kindisch dünkt mir das Licht nun – wie erfreulich und gesegnet des Tages Abschied – Also nur darum, weil die Nacht dir abwendig macht die Dienenden, säetest du in des Raumes Weiten die leuchtenden Kugeln, zu verkünden deine Allmacht – deine Wiederkehr – in den Zeiten deiner Entfernung. Himmlischer, als jene blitzenden Sterne, dünken uns die unendlichen Augen, die die Nacht in uns geöffnet. Weiter sehn sie, als die blässesten jener zahllosen Heere – unbedürftig des Lichts durchschaun sie die Tiefen eines liebenden Gemüts – was einen höhern Raum mit unsäglicher Wollust füllt. Preis der Weltkönigin, der hohen Verkündigerin heiliger Welten, der Pflegerin seliger Liebe – sie sendet mir dich – zarte Geliebte – liebliche Sonne der Nacht, – nun wach ich – denn ich bin Dein und Mein – du hast die Nacht mir zum Leben verkündet – mich zum Menschen gemacht – zehre mit Geisterglut meinen Leib, daß ich luftig mit dir inniger mich mische und dann ewig die Brautnacht währt.

## 5.

Über der Menschen weitverbreitete Stämme herrschte vor Zeiten ein eisernes Schicksal mit stummer Gewalt. Eine dunkle, schwere Binde lag um ihre bange Seele – Unendlich war die Erde – der Götter Aufenthalt, und ihre Heimat. Seit Ewigkeiten stand ihr geheimnisvoller Bau. Über des Morgens roten Bergen, in des Meeres heiligem Schoß wohnte die Sonne, das allzündende, lebendige Licht. Ein alter Riese trug die selige Welt. Fest unter Bergen lagen die Ursöhne der Mutter Erde. Ohnmächtig in ihrer zerstörenden Wut gegen das neue herrliche Göttergeschlecht und dessen Verwandten, die fröhlichen Menschen. Des Meers dunkle, grüne Tiefe war einer Göttin Schoß. In den kristallenen Grotten schwelgte ein üppiges Volk. Flüsse, Bäume, Blumen und Tiere hatten menschlichen Sinn. Süßer schmeckte der Wein von sichtbarer Jugendfülle geschenkt – ein Gott in den Trauben – eine liebende, mütterliche Göttin, emporwachsend in vollen goldenen Garben – der Liebe heil'ger Rausch ein süßer Dienst der schönsten Götterfrau – ein ewig buntes Fest der Himmelskinder und der Erdbewohner rauschte das Leben, wie ein Frühling, durch die Jahrhunderte hin – Alle Geschlechter verehrten kindlich die zarte, tausendfältige Flamme, als das höchste der Welt. Ein Gedanke nur war es, Ein entsetzliches Traumbild,

Das furchtbar zu den frohen Tischen trat
Und das Gemüt in wilde Schrecken hüllte.
Hier wußten selbst die Götter keinen Rat
Der die beklommne Brust mit Trost erfüllte.
Geheimnisvoll war dieses Unholds Pfad
Des Wut kein Flehn und keine Gabe stillte;
Es war der Tod, der dieses Lustgelag
Mit Angst und Schmerz und Tränen unterbrach.

Auf ewig nun von allem abgeschieden,
Was hier das Herz in süßer Wollust regt,
Getrennt von den Geliebten, die hienieden
Vergebne Sehnsucht, langes Weh bewegt,
Schien matter Traum dem Toten nur beschieden,
Ohnmächtiges Ringen nur ihm auferlegt.
Zerbrochen war die Woge des Genusses
Am Felsen des unendlichen Verdrusses.

Mit kühnem Geist und hoher Sinnenglut
Verschönte sich der Mensch die grause Larve,
Ein sanfter Jüngling löscht das Licht und ruht –
Sanft wird das Ende, wie ein Wehn der Harfe.

Erinnerung schmilzt in kühler Schattenflut,
So sang das Lied dem traurigen Bedarfe.
Doch unenträtselt blieb die ew'ge Nacht,
Das ernste Zeichen einer fernen Macht.

Zu Ende neigte die alte Welt sich. Des jungen Geschlechts Lustgarten verwelkte – hinauf in den freieren, wüsten Raum strebten die unkindlichen, wachsenden Menschen. Die Götter verschwanden mit ihrem Gefolge – Einsam und leblos stand die Natur. Mit eiserner Kette band sie die dürre Zahl und das strenge Maß. Wie in Staub und Lüfte zerfiel in dunkle Worte die unermeßliche Blüte des Lebens. Entflohn war der beschwörende Glauben, und die allverwandelnde, allverschwisternde Himmelsgenossin, die Phantasie. Unfreundlich blies ein kalter Nordwind über die erstarrte Flur, und die erstarrte Wunderheimat verflog in den Äther. Des Himmels Fernen füllten mit leuchtenden Welten sich. Ins tiefre Heiligtum, in des Gemüts höhern Raum zog mit ihren Mächten die Seele der Welt – zu walten dort bis zum Anbruch der tagenden Weltherrlichkeit. Nicht mehr war das Licht der Götter Aufenthalt und himmlisches Zeichen – den Schleier der Nacht warfen sie über sich. Die Nacht ward der Offenbarungen mächtiger Schoß – in ihn kehrten die Götter zurück – schlummerten ein, um in neuen herrlichern Gestalten auszugehn über die veränderte Welt. Im Volk, das vor allen verachtet zu früh reif und der seligen Unschuld der Jugend trotzig fremd geworden war, erschien mit niegesehenem Angesicht die neue Welt – In der Armut dichterischer Hütte – Ein Sohn der ersten Jungfrau und Mutter – Geheimnisvoller Umarmung unendliche Frucht. Des Morgenlands ahndende, blütenreiche Weisheit erkannte zuerst der neuen Zeit Beginn – Zu des Königs demütiger Wiege wies ihr ein Stern den Weg. In der weiten Zukunft Namen huldigten sie ihm mit Glanz und Duft, den höchsten Wundern der Natur. Einsam entfaltete das himmlische Herz sich zu einem Blütenkelch allmächtger Liebe – des Vaters hohem Antlitz zugewandt und ruhend an dem ahndungsselgen Busen der lieblich ernsten Mutter. Mit vergötternder Inbrunst schaute das weissagende Auge des blühenden Kindes auf die Tage der Zukunft, nach seinen Geliebten, den Sprossen seines Götterstamms, unbekümmert über seiner Tage irdisches Schicksal. Bald sammelten die kindlichsten Gemüter von inniger Liebe wundersam ergriffen sich um ihn her. Wie Blumen keimte ein neues fremdes Leben in seiner Nähe. Unerschöpfliche Worte und der Botschaften fröhlichste fielen wie Funken eines göttlichen Geistes von seinen freundlichen Lippen. Von ferner Küste, unter Hellas heiterm Himmel geboren, kam ein Sänger nach Palästina und ergab sein ganzes Herz dem Wunderkinde:

Der Jüngling bist du, der seit langer Zeit
Auf unsern Gräbern steht in tiefen Sinnen;
Ein tröstlich Zeichen in der Dunkelheit –
Der höhern Menschheit freudiges Beginnen.
Was uns gesenkt in tiefe Traurigkeit
Zieht uns mit süßer Sehnsucht nun von hinnen.
Im Tode ward das ewge Leben kund,
Du bist der Tod und machst uns erst gesund.

Der Sänger zog voll Freudigkeit nach Indostan[1] – das Herz von süßer Liebe trunken; und schüttete in feurigen Gesängen es unter jenem milden Himmel aus, daß tausend Herzen sich zu ihm neigten, und die fröhliche Botschaft tausendzweigig emporwuchs. Bald nach des Sängers Abschied ward das köstliche Leben ein Opfer des menschlichen tiefen Verfalls – Er starb in jungen Jahren, weggerissen von der geliebten Welt, von der weinenden Mutter und seinen zagenden Freunden. Der unsäglichen Leiden dunkeln Kelch leerte der liebliche Mund – In entsetzlicher Angst nahte die Stunde der Geburt der neuen Welt. Hart rang er mit des alten Todes Schrecken – Schwer lag der Druck der alten Welt auf ihm. Noch einmal sah er freundlich nach der

1. Indien.

Mutter – da kam der ewigen Liebe lösende Hand – und er entschlief. Nur wenig Tage hing ein tiefer Schleier über das brausende Meer, über das bebende Land – unzählige Tränen weinten die Geliebten – Entsiegelt ward das Geheimnis – himmlische Geister hoben den uralten Stein vom dunkeln Grabe. Engel saßen bei dem Schlummernden – aus seinen Träumen zartgebildet – Erwacht in neuer Götterherrlichkeit erstieg er die Höhe der neugebornen Welt – begrub mit eigner Hand der Alten Leichnam in die verlaßne Höhle, und legte mit allmächtiger Hand den Stein, den keine Macht erhebt, darauf.

Noch weinen deine Lieben Tränen der Freude, Tränen der Rührung und des unendlichen Danks an deinem Grabe – sehn dich noch immer, freudig erschreckt, auferstehn – und sich mit dir; sehn dich weinen mit süßer Inbrunst an der Mutter seligem Busen, ernst mit den Freunden wandeln, Worte sagen, wie vom Baum des Lebens gebrochen; sehen dich eilen mit voller Sehnsucht in des Vaters Arm, bringend die junge Menschheit, und der goldnen Zukunft unversieglichen Becher. Die Mutter eilte bald dir nach – in himmlischem Triumph – Sie war die Erste in der neuen Heimat bei dir. Lange Zeiten entflossen seitdem, und in immer höherm Glanze regte deine neue Schöpfung sich – und Tausende zogen aus Schmerzen und Qualen, voll Glauben und Sehnsucht und Treue dir nach – wallen mit dir und der himmlischen Jungfrau im Reiche der Liebe – dienen im Tempel des himmlischen Todes und sind in Ewigkeit dein.

Gehoben ist der Stein –
Die Menschheit ist erstanden –
Wir alle bleiben dein
Und fühlen keine Banden.
Der herbste Kummer fleucht
Vor deiner goldnen Schale,
Wenn Erd und Leben weicht,
Im letzten Abendmahle.

Zur Hochzeit ruft der Tod –
Die Lampen brennen helle
Die Jungfraun sind zur Stelle
Um Öl ist keine Not –
Erklänge doch die Ferne
Von deinem Zuge schon,
Und ruften uns die Sterne
Mit Menschenzung und Ton.

Nach dir, Maria, heben
Schon tausend Herzen sich.
In diesem Schattenleben
Verlangten sie nur dich.
Sie hoffen zu genesen
Mit ahndungsvoller Lust –
Drückst du sie, heilges Wesen,
An deine treue Brust.

So manche, die sich glühend
In bittrer Qual verzehrt,
Und dieser Welt entfliehend
Nach dir sich hingekehrt;
Die hülfreich uns erschienen
In mancher Not und Pein –
Wir kommen nun zu ihnen
Um ewig da zu sein.

Nun weint an keinem Grabe,
Für Schmerz, wer liebend glaubt.
Der Liebe süße Habe
Wird keinem nicht geraubt –
Die Sehnsucht ihm zu lindern,
Begeistert ihn die Nacht –
Von treuen Himmelskindern
Wird ihm sein Herz bewacht.

Getrost, das Leben schreitet
Zum ewgen Leben hin,
Von innrer Glut geweitet
Verklärt sich unser Sinn.
Die Sternwelt wird zerfließen
Zum goldnen Lebenswein,
Wir werden sie genießen
Und lichte Sterne sein.

Die Lieb ist frei gegeben,
Und keine Trennung mehr.
Es wogt das volle Leben
Wie ein unendlich Meer.
Nur Eine Nacht der Wonne –
Ein ewiges Gedicht –
Und unser aller Sonne
Ist Gottes Angesicht.

## *2. Novalis (Friedrich von Hardenberg): Wenn nicht mehr Zahlen und Figuren*

Wenn nicht mehr Zahlen und Figuren
Sind Schlüssel aller Kreaturen,
Wenn die, so singen oder küssen,
Mehr als die Tiefgelehrten wissen,
Wenn sich die Welt ins freie Leben,
Und in die Welt wird zurück begeben,
Wenn dann sich wieder Licht und Schatten
Zu echter Klarheit werden gatten,
Und man in Märchen und Gedichten
Erkennt die ewgen Weltgeschichten,
Dann fliegt vor Einem geheimen Wort
Das ganze verkehrte Wesen fort.

## *3. Ludwig Tieck: Melankolie*

Schwarz war die Nacht und dunkle Sterne brannten
Durch Wolkenschleier matt und bleich,
Die Flur durchstrich das Geisterreich,
Als feindlich sich die Parzen[2] abwärts wandten,
Und zorn'ge Götter mich ins Leben sandten.

Die Eule sang mir grause Wiegenlieder
Und schrie mir durch die stille Ruh
Ein gräßliches: Willkommen! zu.
Der bleiche Gram und Jammer sanken nieder
Und grüßten mich als längst gekannte Brüder.

Da sprach der Gram in banger Geisterstunde:
Du bist zu Qualen eingeweiht,
Ein Ziel des Schicksals Grausamkeit,
Die Bogen sind gespannt und jede Stunde
Schlägt grausam dir stets neue blut'ge Wunde.

Dich werden alle Menschenfreuden fliehen,
Dich spricht kein Wesen freundlich an,
Du gehst die wüste Felsenbahn,
Wo Klippen drohn, wo keine Blumen blühen,
Der Sonne Strahlen heiß und heißer glühen.

Die Liebe, die der Schöpfung All durchklingt,
Der Schirm in Jammer und in Leiden,
Die Blüte aller Menschenfreuden,
Die unser Herz zum höchsten Himmel schwingt,
Wo Durst aus sel'gem Born Erquicken trinkt,

Die Liebe sei auf ewig dir versagt.
Das Tor ist hinter dir geschlossen,
Auf der Verzweiflung wilden Rossen
Wirst du durchs öde Leben hingejagt,
Wo keine Freude dir zu folgen wagt.

2. römische Schicksalsgöttinnen.

Dann sinkst du in die ew'ge Nacht zurück,
Sieh tausend Elend' auf dich zielen,
Im Schmerz dein Dasein nur zu fühlen!
Ja erst im ausgelöschten Todesblick
Begrüßt voll Mitleid dich das erste Glück.

## *4. Ludwig Tieck: Glosse*

Liebe denkt in süßen Tönen,
Denn Gedanken stehn zu fern,
Nur in Tönen mag sie gern
Alles, was sie will, verschönen.

Wenn im tiefen Schmerz verloren
Alle Geister in mir klagen,
Und gerührt die Freunde fragen:
»Welch ein Leid ist dir geboren?«
Kann ich keine Antwort sagen,
Ob sich Freuden wollen finden,
Leiden in mein Herz gewöhnen,
Geister, die sich liebend binden
Kann kein Wort niemals verkünden,
Liebe denkt in süßen Tönen.

Warum hat Gesangessüße
Immer sich von mir geschieden?
Zornig hat sie mich vermieden,
Wie ich auch die Holde grüße.
So geschieht es, daß ich büße,
Schweigen ist mir vorgeschrieben,
Und ich sagte doch so gern
Was dem Herzen sei sein Lieben,
Aber stumm bin ich geblieben,
Denn Gedanken stehn zu fern.

Ach, wo kann ich doch ein Zeichen,
Meiner Liebe ew'ges Leben
Mir nur selber kundzugeben,
Wie ein Lebenswort erreichen?
Wenn dann alles will entweichen
Muß ich oft in Trauer wähnen
Liebe sei dem Herzen fern,
Dann weckt sie das tiefste Sehnen,
Sprechen mag sie nur in Tränen,
Nur in Tönen mag sie gern.

Will die Liebe in mir weinen,
Bringt sie Jammer, bringt sie Wonne,
Will sie Nacht sein, oder Sonne,
Sollen Glückessterne scheinen?
Tausend Wunder sich vereinen:
Ihr Gedanken schweiget stille,
Denn die Liebe will mich krönen,
Und was sich an mir erfülle
Weiß ich das, es wird ihr Wille
Alles, was sie will, verschönen.

## *5. Clemens Brentano: Auf dem Rhein*

Ein Fischer saß im Kahne,
Ihm war das Herz so schwer
Sein Lieb war ihm gestorben,
Das glaubt er nimmermehr.

Und bis die Sternlein blinken,
Und bis zum Mondenschein
Harrt er sein Lieb zu fahren
Wohl auf dem tiefen Rhein.

Da kömmt sie bleich geschlichen,
Und schwebet in den Kahn
Und schwanket in den Knieen,
Hat nur ein Hemdlein an.

Sie schwimmen auf den Wellen
Hinab in tiefer Ruh',
Da zittert sie, und wanket,
Feinsliebchen, frierest du?

Dein Hemdlein spielt im Winde,
Das Schifflein treibt so schnell,
Hüll dich in meinen Mantel,
Die Nacht ist kühl und hell.

Stumm streckt sie nach den Bergen
Die weißen Arme aus,
Und lächelt, da der Vollmond
Aus Wolken blickt heraus.

Und nickt den alten Türmen,
Und will den Sternenschein
Mit ihren starren Händlein
Erfassen in dem Rhein.

O halte dich doch stille,
Herzallerliebstes Gut!
Dein Hemdlein spielt im Winde,
Und reißt dich in die Flut.

Da fliegen große Städte,
An ihrem Kahn vorbei,
Und in den Städten klingen
Wohl Glocken mancherlei.

Da kniet das Mägdlein nieder,
Und faltet seine Händ'
Aus seinen hellen Augen
Ein tiefes Feuer brennt.

Feinsliebchen bet hübsch stille,
Schwank nit so hin und her,
Der Kahn möcht' uns versinken,
Der Wirbel reißt so sehr.

In einem Nonnenkloster
Da singen Stimmen fein,
Und aus dem Kirchenfenster
Bricht her der Kerzenschein.

Da singt Feinslieb gar helle,
Die Metten in dem Kahn,
Und sieht dabei mit Tränen
Den Fischerknaben an.

Da singt der Knab' gar traurig
Die Metten in dem Kahn
Und sieht dazu Feinsliebchen
Mit stummen Blicken an.

Und rot und immer röter
Wird nun die tiefe Flut,
Und bleich und immer bleicher
Feinsliebchen werden tut.

Der Mond ist schon zerronnen
Kein Sternlein mehr zu sehn,
Und auch dem lieben Mägdlein
Die Augen schon vergehn.

Lieb Mägdlein, guten Morgen,
Lieb Mägdlein gute Nacht!
Warum willst du nun schlafen,
Da schon der Tag erwacht?

Die Türme blinken sonnig,
Es rauscht der grüne Wald,
Vor wildentbrannten Weisen,
Der Vogelsang erschallt.

Da will er sie erwecken,
Daß sie die Freude hör',
Er schaut zu ihr hinüber,
Und findet sie nicht mehr.

Ein Schwälblein strich vorüber,
Und netzte seine Brust,
Woher, wohin geflogen,
Das hat kein Mensch gewußt.

Der Knabe liegt im Kahne
Läßt alles Rudern sein,
Und treibet weiter, weiter
Bis in die See hinein.

Ich schwamm im Meeresschiffe
Aus fremder Welt einher,
Und dacht' an Lieb und Leben,
Und sehnte mich so sehr.

Ein Schwälblein flog vorüber,
Der Kahn schwamm still einher,
Der Fischer sang dies Liedchen,
Als ob ich's selber wär'.

## *6. Clemens Brentano: Lureley*

Zu Bacharach am Rheine,
Wohnt' eine Zauberin,
Die war so schön und feine
Und riß viel Herzen hin,

Und machte viel zuschanden
Der Männer rings umher,

Aus ihren Liebesbanden
War keine Rettung mehr.

Der Bischof ließ sie laden
Vor geistliche Gewalt,
Und mußte sie begnaden,
So schön war ihr' Gestalt.

Er sprach zu ihr gerühret,
»Du arme Lore Lay.
Wer hat dich dann verführet
Zu böser Zauberei.«

»Herr Bischof laßt mich sterben,
Ich bin des Lebens müd,
Weil jeder muß verderben
Der meine Augen sieht.

Die Augen sind zwei Flammen,
Mein Arm ein Zauberstab,
O schickt mich in die Flammen,
O brechet mir den Stab.«

»Den Stab kann ich nicht brechen,
Du schöne Lore Lay,
Ich müßte dann zerbrechen,
Mein eigen Herz entzwei.

Ich kann dich nicht verdammen,
Bis du mir erst bekennt
Warum in deinen Flammen
Mein eignes Herz schon brennt.«

»Herr Bischof mit mir Armen
Treibt nicht so bösen Spott,
Und bittet um Erbarmen
Für mich den lieben Gott,

Ich darf nicht länger leben,
Ich lieb kein Leben mehr,
Den Tod sollt ihr mir geben,
Drum kam ich zu euch her.

Ein Mann hat mich betrogen,
Hat sich von mir gewandt,
Ist fort von mir gezogen
Fort in ein andres Land.

Die Blicke sanft und wilde,
Die Wangen rot und weiß,
Die Worte still und milde,
Die sind mein Zauberkreis.

Ich selbst muß drin verderben,
Das Herz tut mir so weh,
Vor Jammer möcht' ich sterben,
Wenn ich zum Spiegel seh.

Drum laßt mein Recht mich finden,
Mich sterben, wie ein Christ,
Denn alles muß verschwinden
Weil er mir treulos ist.«

Drei Ritter ließ er holen:
»Bringt sie ins Kloster hin,
Geh Lore! Gott befohlen,
Sei dein berückter Sinn.

Du sollst ein Nönnchen werden,
Ein Nönnchen schwarz und weiß.
Bereite dich auf Erden
Zum Tod mit Gottes Preis.«

Zum Kloster sie nun ritten
Die Ritter alle drei,

Und traurig in der Mitten
Die schöne Lore Lay.

»O Ritter laßt mich gehen,
Auf diesen Felsen groß,
Ich will noch einmal sehen,
Nach meines Buhlen Schloß,

Ich will noch einmal sehen
Wohl in den tiefen Rhein,
Und dann ins Kloster gehen,
Und Gottes Jungfrau sein.«

Der Felsen ist so jähe,
So steil ist seine Wand,
Sie klimmen in die Höhe,
Da tritt sie an den Rand,

Und sprach: »Willkomm, da wehet
Ein Segel auf dem Rhein,
Der in dem Schifflein stehet,
der soll mein Liebster sein.

Mein Herz wird mir so munter,
Er muß der Liebste sein«,
Da lehnt sie sich hinunter
Und stürzet in den Rhein.

Es fuhr mit Kreuz und Fahne
Das Schifflein an das Land,
Der Bischof saß im Kahne,
Sie hat ihn wohl erkannt.

Daß er das Schwert gelassen,
Dem Zauber zu entgehn,
Daß er zum Kreuz tät' fassen,
Das konnt' sie nicht verstehn.

Wer hat dies Lied gesungen
Ein Priester auf dem Rhein
Und immer hat's geklungen,
Vom hohen Felsenstein

Lureley
Lureley
Lureley.

Als wären es meiner drei!

## *7. Clemens Brentano: Wie sich auch die Zeit will wenden*

Wie sich auch die Zeit will wenden, enden
Will sich nimmer doch die Ferne,
Freude mag der Mai mir spenden, senden
Möcht' Dir alles gerne, weil ich Freude mir erlerne,
Wenn Du mit gefaltnen Händen
Freudig hebst der Augen Sterne.

Alle Blumen mich nicht grüßen, süßen
Gruß nehm ich von Deinem Munde.
Was nicht blühet Dir zu Füßen, büßen
Muß es bald zur Stunde, eher ich auch nicht gesunde,
Bis Du mir mit frohen Küssen
Bringest meines Frühlings Kunde.

Wen die Abendlüfte wehen, sehen
Mich die lieben Vöglein kleine
Traurig an der Linde stehen, spähen
Wen ich wohl so ernstlich meine, daß ich helle Tränen weine,
Wollen auch nicht schlafen gehen,
Denn sonst wär' ich ganz alleine.

Vöglein euch mag's nicht gelingen, klingen
Darf es nur von ihrem Sange,
Wie des Maies Wonneschlingen, singen
Alles ein in neuem Zwange; aber daß ich Dein verlange
Und Du mein, mußt Du auch singen,
Ach das ist schon ewig lange.

## *8. Clemens Brentano: Der Spinnerin Nachtlied*

Es sang vor langen Jahren
Wohl auch die Nachtigall,
Das war wohl süßer Schall,
Da wir zusammen waren.

Ich sing und kann nicht weinen,
Und spinne so allein
Den Faden klar und rein
So lang der Mond wird scheinen.

Als wir zusammen waren
Da sang die Nachtigall
Nun mahnet mich ihr Schall
Daß du von mir gefahren.

So oft der Mond mag scheinen,
Denk ich wohl dein allein,
Mein Herz ist klar und rein,
Gott wolle uns vereinen.

Seit du von mir gefahren,
Singt stets die Nachtigall,
Ich denk bei ihrem Schall,
Wie wir zusammen waren.

Gott wolle uns vereinen
Hier spinn ich so allein,
Der Mond scheint klar und rein,
Ich sing und möchte weinen.

## *9. Clemens Brentano: Hör, es klagt die Flöte wieder*[3]

FABIOLA

Hör, es klagt die Flöte wieder,
Und die kühlen Brunnen rauschen.

PIAST

Golden wehn die Töne nieder,
Stille, stille, laß uns lauschen!

FABIOLA

Holdes Bitten, mild Verlangen,
Wie es süß zum Herzen spricht!

PIAST

Durch die Nacht, die mich umfangen,
Blickt zu mir der Töne Licht.

3. Das Gedicht ist in Brentanos Singspiel »Die lustigen Musikanten« ein Duett zwischen dem blinden Piast und Fabiola. In der Regiebemerkung heißt es: »Der blinde Piast, Fabiola führt ihn an einem Stabe« und: »Hinter der Szene hört man eine Flöte, die sich nähert«; nach Vers 4: »angemeßnes Solo der Flöte«.

## *10. Clemens Brentano: Frühlingsschrei eines Knechtes aus der Tiefe*

1.

Meister, ohne dein Erbarmen
Muß im Abgrund ich verzagen,
Willst du nicht mit starken Armen
Wieder mich zum Lichte tragen.

2.

Jährlich greifet deine Güte,
In die Erde, in die Herzen,
Jährlich weckest du die Blüte,
Weckst in mir die alten Schmerzen.

3.

Einmal nur zum Licht geboren,
Aber tausendmal gestorben,
Bin ich ohne dich verloren,
Ohne dich in mir verdorben.

4.

Wenn sich so die Erde reget,
Wenn die Luft so sonnig wehet,
Dann wird auch die Flut beweget,
Die in Todesbanden stehet.

5.

Und in meinem Herzen schauert
Ein betrübter bittrer Bronnen,
Wenn der Frühling draußen lauert,
Kömmt die Angstflut angeronnen.

6.

Weh! durch gift'ge Erdenlagen,
Wie die Zeit sie angeschwemmet,
Habe ich den Schacht geschlagen,
Und er ist nur schwach verdämmet.

7.

Wenn nun rings die Quellen schwellen,
Wenn der Grund gebärend ringet,
Brechen her die gift'gen Wellen,
Die kein Fluch, kein Witz mir zwinget.

8.

Andern ruf ich, schwimme, schwimme,
Mir kann solcher Ruf nicht taugen,
Denn in mir ja steigt die grimme
Sündflut, bricht aus meinen Augen.

9.

Und dann scheinen bös Gezüchte
Mir die bunten Lämmer alle,
Die ich grüßte, süße Früchte,
Die mir reiften, bittre Galle.

10.

Herr, erbarme du dich meiner,
Daß mein Herz neu blühend werde,
Mein erbarmte sich noch keiner
Von den Frühlingen der Erde.

11.

Meister, wenn dir alle Hände
Nahn mit süßerfüllten Schalen,
Kann ich mit der bittern Spende
Meine Schuld dir nimmer zahlen.

12.

Ach, wie ich auch tiefer wühle,
Wie ich schöpfe, wie ich weine,
Nimmer ich den Schwall erspüle
Zum Kristallgrund fest und reine.

13.

Immer stürzen mir die Wände,
Jede Schicht hat mich belogen,
Und die arbeitblut'gen Hände
Brennen in den bittern Wogen.

14.

Weh! der Raum wird immer enger,
Wilder, wüster stets die Wogen,
Herr, o Herr! ich treib's nicht länger,
Schlage deinen Regenbogen.

15.

Herr, ich mahne dich, verschone,
Herr! ich hört' in jungen Tagen,
Wunderbare Rettung wohne
Ach, in deinem Blute, sagen.

16.

Und so muß ich zu dir schreien,
Schreien aus der bittern Tiefe,
Könntest du auch nicht verzeihen,
Daß dein Knecht so kühnlich riefe!

17.

Daß des Lichtes Quelle wieder
Rein und heilig in mir flute,
Träufle einen Tropfen nieder,
Jesus, mir, von deinem Blute!

## *11. Clemens Brentano: Wenn der lahme Weber träumt, er webe*

Wenn der lahme Weber träumt, er webe,
Träumt die kranke Lerche auch, sie schwebe,
Träumt die stumme Nachtigall, sie singe,
Daß das Herz des Widerhalls zerspringe,
Träumt das blinde Huhn, es zähl' die Kerne,
Und der drei je zählte kaum, die Sterne,
Träumt das starre Erz, gar linde tau' es,
Und das Eisenherz, ein Kind vertrau' es,
Träumt die taube Nüchternheit, sie lausche,
Wie der Traube Schüchternheit berausche;
Kömmt dann Wahrheit mutternackt gelaufen,
Führt der hellen Töne Glanzgefunkel
Und der grellen Lichter Tanz durchs Dunkel,
Rennt den Traum sie schmerzlich übern Haufen,
Horch! die Fackel lacht, horch! Schmerz-Schalmeien
Der erwachten Nacht ins Herz all schreien;
Weh, ohn' Opfer gehn die süßen Wunder,
Gehn die armen Herzen einsam unter!

## *12. Clemens Brentano: Was reif in diesen Zeilen steht*

Was reif in diesen Zeilen steht,
Was lächelnd winkt und sinnend fleht,
Das soll kein Kind betrüben,
Die Einfalt hat es ausgesäet,
Die Schwermut hat hindurchgeweht,
Die Sehnsucht hat's getrieben;
Und ist das Feld einst abgemäht,
Die Armut durch die Stoppeln geht,
Sucht Ähren, die geblieben,
Sucht Lieb', die für sie untergeht,
Sucht Lieb', die mit ihr aufersteht,
Sucht Lieb', die sie kann lieben,
Und hat sie einsam und verschmäht
Die Nacht durch dankend in Gebet
Die Körner ausgerieben,
Liest sie, als früh der Hahn gekräht,
Was Lieb' erhielt, was Leid verweht,
Ans Feldkreuz angeschrieben,
O Stern und Blume, Geist und Kleid,
Lieb', Leid und Zeit und Ewigkeit!

## *13. Otto Heinrich Graf von Loeben: Loreley*

Da wo der Mondschein blitzet
Ums höchste Felsgestein,
Das Zauberfräulein sitzet
Und schauet auf den Rhein.

Es schauet herüber, hinüber,
Es schauet hinab, hinauf,
Die Schifflein ziehn vorüber,
Lieb Knabe, sieh nicht auf!

Sie singt dir hold zum Ohre,
Sie blickt dich töricht an,
Sie ist die schöne Lore,
Sie hat dir's angetan.

Sie schaut wohl nach dem Rheine,
Als schaute sie nach dir,
Glaub's nicht, daß sie dich meine,
Sieh nicht, horch nicht nach ihr.

So blickt sie wohl nach allen
Mit ihrer Augen Glanz,
Läßt her die Locken wallen
Im wilden goldnen Tanz.

Doch wogt in ihrem Blicke
Nur blauer Wellen Spiel,
Drum scheu die Wassertücke,
Denn Flut bleibt falsch und kühl!

## *14. Justinus Kerner: Wanderlied*

Wohlauf! noch getrunken
Den funkelnden Wein!
Ade nun, ihr Lieben!
Geschieden muß sein.
Ade nun, ihr Berge,
Du väterlich Haus!
Es treibt in die Ferne
Mich mächtig hinaus.

Die Sonne, sie bleibet
Am Himmel nicht stehn,
Es treibt sie, durch Länder
Und Meere zu gehn.

Die Woge nicht haftet
Am einsamen Strand,
Die Stürme, sie brausen
Mit Macht durch das Land.

Mit eilenden Wolken
Der Vogel dort zieht
Und singt in der Ferne
Ein heimatlich Lied.
So treibt es den Burschen
Durch Wälder und Feld,
Zu gleichen der Mutter,
Der wandernden Welt.

Da grüßen ihn Vögel
Bekannt überm Meer,
Sie flogen von Fluren
Der Heimat hieher;
Da duften die Blumen
Vertraulich um ihn,
Sie trieben vom Lande
Die Lüfte dahin.

Die Vögel, die kennen
Sein väterlich Haus,
Die Blumen einst pflanzt' er
Der Liebe zum Strauß,
Und Liebe, die folgt ihm,
Sie geht ihm zur Hand:
So wird ihm zur Heimat
Das ferneste Land.

## *15. Justinus Kerner: Der Wanderer in der Sägmühle*

Dort unten in der Mühle
Saß ich in süßer Ruh'
Und sah dem Räderspiele
Und sah den Wassern zu.

Sah zu der blanken Säge,
Es war mir wie ein Traum,
Die bahnte lange Wege
In einen Tannenbaum.

Die Tanne war wie lebend,
In Trauermelodie,
Durch alle Fasern bebend,
Sang diese Worte sie:

Du kehrst zur rechten Stunde,
O Wanderer, hier ein,
Du bist's, für den die Wunde
Mir dringt ins Herz hinein!

Du bist's, für den wird werden,
Wenn kurz gewandert du,
Dies Holz im Schoß der Erden
Ein Schrein zur langen Ruh'.

Vier Bretter sah ich fallen,
Mir ward's ums Herze schwer,
Ein Wörtlein wollt' ich lallen,
Da ging das Rad nicht mehr.

## *16. Ludwig Uhland: Glosse*

Süße Liebe denkt in Tönen,
Denn Gedanken stehn zu fern;
Nur in Tönen mag sie gern
Alles, was sie will, verschönen.

*Tieck.*

Schönste! Du hast mir befohlen,
Dieses Thema zu glossieren;
Doch ich sag es unverhohlen:
Dieses heißt die Zeit verlieren,
Und ich sitze wie auf Kohlen.
Liebtet ihr nicht, stolze Schönen!
Selbst die Logik zu verhöhnen,
Würd' ich zu beweisen wagen,
Daß es Unsinn ist, zu sagen:
*Süße Liebe denkt in Tönen.*

Zwar versteh ich schon das Schema
Dieser abgeschmackten Glossen,
Aber solch verzwicktes Thema,
Solche rätselhafte Possen
Sind ein gordisches Problema.[4]
Dennoch macht' ich dir, mein Stern!
Diese Freude gar zu gern.
Hoffnungslos ring ich die Hände,
Nimmer bring ich es zum Ende,
*Denn Gedanken stehn zu fern.*

Laß mein Kind! die span'sche Mode,
Laß die fremden Triolette[5],

4. Anspielung auf den unauflösbaren gordischen Knoten (der von Alexander d. Gr. mit dem Schwert durchschnitten worden sein soll).
5. *Triolett:* einstrophige französische Gedichtform mit komplizierter Reimfolge.

Laß die welsche Klangmethode
Der Canzonen[6] und Sonette,
Bleib bei deiner sapph'schen Ode[7]!
Bleib der Aftermuse fern
Der romantisch süßen Herrn!
Duftig schwebeln, luftig tänzeln
Nur in Reimchen, Assonänzeln,
*Nur in Tönen mag sie gern.*

Nicht in Tönen solcher Glossen
Kann die Poesie sich zeigen;
In antiken Verskolossen
Stampft sie besser ihren Reigen
Mit Spondeen[8] und Molossen[9].
Nur im Hammerschlag und Dröhnen
Deutsch-hellenischer Camönen[10]
Kann sie selbst die alten, kranken,
Allerhäßlichsten Gedanken,
*Alles, was sie will, verschönen.*

## *17. Joseph von Eichendorff: Abschied*

Im Walde bei Lubowitz

O Täler weit, o Höhen,
O schöner, grüner Wald,
Du meiner Lust und Wehen
Andächt'ger Aufenthalt!

6. *Canzone:* französisch-italienische Gedichtform aus 5–10 Strophen mit kunstvollen Reimen.
7. von der griechischen Dichterin Sappho (um 600 v. Chr.) erstmals verwendete Gedichtform.
8. *Spondeus:* antiker Versfuß aus zwei langen Silben.
9. *Molossus:* seltener antiker Versfuß aus drei langen Silben.
10. altitalienische Quellnymphen; auch für: Musen.

Da draußen, stets betrogen,
Saust die geschäft'ge Welt,
Schlag noch einmal die Bogen
Um mich, du grünes Zelt!

Wenn es beginnt zu tagen,
Die Erde dampft und blinkt,
Die Vögel lustig schlagen,
Daß dir dein Herz erklingt:
Da mag vergehn, verwehen
Das trübe Erdenleid,
Da sollst du auferstehen
In junger Herrlichkeit!

Da steht im Wald geschrieben
Ein stilles, ernstes Wort
Von rechtem Tun und Lieben,
Und was des Menschen Hort.
Ich habe treu gelesen
Die Worte schlicht und wahr,
Und durch mein ganzes Wesen
Ward's unaussprechlich klar.

Bald werd ich dich verlassen,
Fremd in der Fremde gehn,
Auf buntbewegten Gassen
Des Lebens Schauspiel sehn;
Und mitten in dem Leben
Wird deines Ernsts Gewalt
Mich Einsamen erheben,
So wird mein Herz nicht alt.

## *18. Joseph von Eichendorff: Zwielicht*

Dämmrung will die Flügel spreiten,
Schaurig rühren sich die Bäume,
Wolken ziehn wie schwere Träume –
Was will dieses Graun bedeuten?

Hast ein Reh du lieb vor andern,
Laß es nicht alleine grasen,
Jäger ziehn im Wald und blasen,
Stimmen hin und wieder wandern.

Hast du einen Freund hienieden,
Trau ihm nicht zu dieser Stunde,
Freundlich wohl mit Aug und Munde,
Sinnt er Krieg im tück'schen Frieden.

Was heut müde gehet unter,
Hebt sich morgen neugeboren.
Manches bleibt in Nacht verloren –
Hüte dich, bleib wach und munter!

## *19. Joseph von Eichendorff: Frische Fahrt*

Laue Luft kommt blau geflossen,
Frühling, Frühling soll es sein!
Waldwärts Hörnerklang geschossen
Mut'ger Augen lichter Schein;
Und das Wirren bunt und bunter
Wird ein magisch wilder Fluß,
In die schöne Welt hinunter
Lockt dich dieses Stromes Gruß.

Und ich mag mich nicht bewahren!
Weit von euch treibt mich der Wind,
Auf dem Strome will ich fahren,
Von dem Glanze selig blind!
Tausend Stimmen lockend schlagen,
Hoch Aurora[11] flammend weht,
Fahre zu! Ich mag nicht fragen,
Wo die Fahrt zu Ende geht!

## *20. Joseph von Eichendorff: Die zwei Gesellen*

Es zogen zwei rüst'ge Gesellen
Zum erstenmal von Haus,
So jubelnd recht in die hellen,
Klingenden, singenden Wellen
Des vollen Frühlings hinaus.

Die strebten nach hohen Dingen,
Die wollten, trotz Lust und Schmerz,
Was Rechts in der Welt vollbringen,
Und wem sie vorüber gingen,
Dem lachten Sinnen und Herz. –

Der erste, der fand ein Liebchen,
Die Schwieger kauft' Hof und Haus;
Der wiegte gar bald ein Bübchen,
Und sah aus heimlichem Stübchen
Behaglich ins Feld hinaus.

Dem zweiten sangen und logen
Die tausend Stimmen im Grund,
Verlockend' Sirenen[12], und zogen

11. (griechische Göttin der) Morgenröte.
12. Meerwesen der griechischen Mythologie, die Vorüberfahrende durch ihren Gesang anlockten und töteten.

Ihn in der buhlenden Wogen
Farbig klingenden Schlund.

Und wie er auftaucht' vom Schlunde,
Da war er müde und alt,
Sein Schifflein das lag im Grunde,
So still war's rings in die Runde,
Und über die Wasser weht's kalt.

Es singen und klingen die Wellen
Des Frühlings wohl über mir;
Und seh ich so kecke Gesellen,
Die Tränen im Auge mir schwellen –
Ach Gott, führ uns liebreich zu Dir!

## *21. Joseph von Eichendorff: Der frohe Wandersmann*

Wem Gott will rechte Gunst erweisen,
Den schickt er in die weite Welt;
Dem will er seine Wunder weisen
In Berg und Wald und Strom und Feld.

Die Trägen, die zu Hause liegen,
Erquicket nicht das Morgenrot,
Sie wissen nur von Kinderwiegen,
Von Sorgen, Last und Not um Brot.

Die Bächlein von den Bergen springen,
Die Lerchen schwirren hoch vor Lust,
Was sollt' ich nicht mit ihnen singen
Aus voller Kehl und frischer Brust?

Den lieben Gott laß ich nur walten;
Der Bächlein, Lerchen, Wald und Feld
Und Erd und Himmel will erhalten,
Hat auch mein Sach aufs best bestellt!

## *22. Joseph von Eichendorff: Der Abend*

Schweigt der Menschen laute Lust:
Rauscht die Erde wie in Träumen
Wunderbar mit allen Bäumen,
Was dem Herzen kaum bewußt,
Alte Zeiten, linde Trauer,
Und es schweifen leise Schauer
Wetterleuchtend durch die Brust.

## *23. Joseph von Eichendorff: Sehnsucht*

Es schienen so golden die Sterne,
Am Fenster ich einsam stand
Und hörte aus weiter Ferne
Ein Posthorn im stillen Land.
Das Herz mir im Leib entbrennte,
Da hab ich mir heimlich gedacht:
Ach, wer da mitreisen könnte
In der prächtigen Sommernacht!

Zwei junge Gesellen gingen
Vorüber am Bergeshang,
Ich hörte im Wandern sie singen
Die stille Gegend entlang:
Von schwindelnden Felsenschlüften,
Wo die Wälder rauschen so sacht,
Von Quellen, die von den Klüften
Sich stürzen in die Waldesnacht.

Sie sangen von Marmorbildern,
Von Gärten, die überm Gestein
In dämmernden Lauben verwildern,
Palästen im Mondenschein,

Wo die Mädchen am Fenster lauschen,
Wann der Lauten Klang erwacht
Und die Brunnen verschlafen rauschen
In der prächtigen Sommernacht.

## *24. Joseph von Eichendorff: Wünschelrute*

Schläft ein Lied in allen Dingen,
Die da träumen fort und fort,
Und die Welt hebt an zu singen,
Triffst du nur das Zauberwort.

## *25. Joseph von Eichendorff: Meeresstille*

Ich seh von des Schiffes Rande
Tief in die Flut hinein:
Gebirge und grüne Lande
Und Trümmer im falben Schein
Und zackige Türme im Grunde,
Wie ich's oft im Traum mir gedacht,
Wie dämmert alles da unten
Als wie eine prächtige Nacht.

Seekönig auf seiner Warte
Sitzt in der Dämmrung tief,
Als ob er mit langem Barte
Über seiner Harfe schlief';
Da kommen und gehen die Schiffe
Darüber, er merkt es kaum,
Von seinem Korallenriffe
Grüßt er sie wie im Traum.

## *26. Joseph von Eichendorff: Mondnacht*

Es war, als hätt' der Himmel
Die Erde still geküßt,
Daß sie im Blütenschimmer
Von ihm nun träumen müßt'.

Die Luft ging durch die Felder,
Die Ähren wogten sacht,
Es rauschten leis die Wälder,
So sternklar war die Nacht.

Und meine Seele spannte
Weit ihre Flügel aus,
Flog durch die stillen Lande,
Als flöge sie nach Haus.

## *27. Wilhelm Müller: Wanderschaft*

Das Wandern ist des Müllers Lust,
 Das Wandern!
Das muß ein schlechter Müller sein,
Dem niemals fiel das Wandern ein,
 Das Wandern.

Vom Wasser haben wir's gelernt,
 Vom Wasser!
Das hat nicht Rast bei Tag und Nacht,
Ist stets auf Wanderschaft bedacht,
 Das Wasser.

Das sehn wir auch den Rädern ab,
 Den Rädern!

Die gar nicht gerne stille stehn,
Die sich mein Tag nicht müde drehn,
Die Räder.

Die Steine selbst, so schwer sie sind,
Die Steine!
Sie tanzen mit den muntern Reihn
Und wollen gar noch schneller sein,
Die Steine.

O Wandern, Wandern, meine Lust,
O Wandern!
Herr Meister und Frau Meisterin,
Laßt mich in Frieden weiter ziehn
Und wandern.

## *28. Wilhelm Müller: Wohin?*

Ich hört' ein Bächlein rauschen
Wohl aus dem Felsenquell,
Hinab zum Tale rauschen
So frisch und wunderhell.

Ich weiß nicht, wie mir wurde,
Nicht, wer den Rat mir gab,
Ich mußte auch hinunter
Mit meinem Wanderstab.

Hinunter und immer weiter,
Und immer dem Bache nach,
Und immer heller rauschte
Und immer heller der Bach.

Ist das denn meine Straße?
O Bächlein, sprich, wohin?

Du hast mit deinem Rauschen
Mir ganz berauscht den Sinn.

Was sag ich denn von Rauschen?
Das kann kein Rauschen sein:
Es singen wohl die Nixen
Tief unten ihren Reihn.

Laß singen, Gesell, laß rauschen,
Und wandre fröhlich nach!
Es gehn ja Mühlenräder
In jedem klaren Bach.

## *29. Heinrich Heine: Ich weiß nicht, was soll es bedeuten*

Ich weiß nicht, was soll es bedeuten,
Daß ich so traurig bin;
Ein Märchen aus alten Zeiten,
Das kommt mir nicht aus dem Sinn.

Die Luft ist kühl und es dunkelt,
Und ruhig fließt der Rhein;
Der Gipfel des Berges funkelt
Im Abendsonnenschein.

Die schönste Jungfrau sitzet
Dort oben wunderbar,
Ihr goldnes Geschmeide blitzet,
Sie kämmt ihr goldenes Haar.

Sie kämmt es mit goldenem Kamme,
Und singt ein Lied dabei;
Das hat eine wundersame,
Gewaltige Melodei.

Den Schiffer im kleinen Schiffe
Ergreift es mit wildem Weh;
Er schaut nicht die Felsenriffe,
Er schaut nur hinauf in die Höh.

Ich glaube, die Wellen verschlingen
Am Ende Schiffer und Kahn;
Und das hat mit ihrem Singen
Die Lore-Ley getan.

## *30. Heinrich Heine:*<br>*Wahrhaftig*

Wenn der Frühling kommt mit dem Sonnenschein,
Dann knospen und blühen die Blümlein auf;
Wenn der Mond beginnt seinen Strahlenlauf,
Dann schwimmen die Sternlein hintendrein;
Wenn der Sänger zwei süße Äuglein sieht,
Dann quellen ihm Lieder aus tiefem Gemüt; –
Doch Lieder und Sterne und Blümelein,
Und Äuglein und Mondglanz und Sonnenschein,
Wie sehr das Zeug auch gefällt,
So macht's doch noch lang keine Welt.

## *31. Heinrich Heine:*<br>*Sie saßen und tranken am Teetisch*

Sie saßen und tranken am Teetisch,
Und sprachen von Liebe viel.
Die Herren, die waren ästhetisch,
Die Damen von zartem Gefühl.

Die Liebe muß sein platonisch,
Der dürre Hofrat sprach.
Die Hofrätin lächelt ironisch,
Und dennoch seufzet sie: Ach!

Der Domherr öffnet den Mund weit:
Die Liebe sei nicht zu roh,
Sie schadet sonst der Gesundheit.
Das Fräulein lispelt: Wieso?

Die Gräfin spricht wehmütig:
Die Liebe ist eine Passion!
Und präsentieret gütig
Die Tasse dem Herren Baron.

Am Tische war noch ein Plätzchen;
Mein Liebchen, da hast du gefehlt.
Du hättest so hübsch, mein Schätzchen,
Von deiner Liebe erzählt.

# III. Arbeitsvorschläge

Die folgenden Arbeitsvorschläge wollen nicht mehr sein als ergänzende Angebote zur Erschließung der Gedichte. Sie sind in drei Gruppen unterteilt. In einer ersten Gruppe sollen durch Fragestellungen und Arbeitsaufträge einzelne Gedichte analysiert und interpretiert werden. Die Fragen und Aufträge folgen dabei so aufeinander, daß sie möglichst ein gedankliches Kontinuum ergeben. Eine ihrer Aufgaben ist es, die Texte wieder befragbar zu machen, denn viele der romantischen Gedichte erscheinen dem Leser wie selbstverständlich, erschließen sich – so scheint es – einem Verstehen sofort und sind somit nicht im produktiven Sinne unverständlich. Hier wollen die Fragen das »vorläufige« Verständnis aufbrechen, den Texten ihre scheinbare Verständlichkeit nehmen, sie wieder fragwürdig und damit interessanter machen.

Eine zweite Gruppe von Arbeitsvorschlägen wendet sich jeweils einem Ensemble von Gedichten zu, sei es, daß diese thematisch miteinander verwandt sind, in formaler Abhängigkeit voneinander stehen oder gar – wie im Falle der Loreley-Gedichte und der Glossen – direkt aufeinander Bezug nehmen.

Schließlich gibt es eine dritte Gruppe von Vorschlägen, die sich auf das gesamte Textkorpus beziehen. Werden Fragen dieser Art aufgegriffen, sollten möglichst viele Gedichte bereits einer Einzelanalyse unterzogen worden sein. Die hier gestellten Fragen lenken den Blick vor allem auf Epochencharakteristika der Romantik.

Das gleiche Ziel verfolgen weitere Arbeitsaufträge, die Texte von Novalis auf die Gedichte beziehen.

Die chronologische Anordnung der Autoren, Texte und Arbeitsvorschläge verpflichtet keineswegs zu einer Unterrichtsreihe in dieser Folge. Als »Einstieg« bieten sich z. B. eher die leichter zugänglichen Gedichte von Wilhelm Müller, Kerner oder Eichendorff an.

## *A. Fragen und Arbeitsaufträge zu einzelnen Gedichten*

Novalis: Hymnen an die Nacht. 1. Hymne (1)

1. Welche Eigenschaften hat das Licht, von dem im ersten Abschnitt die Rede ist?
2. Welche Wirkungen werden dem Licht in diesem Abschnitt zugesprochen?
3. Wie wird der Mensch in diesem Teil des Gedichts bezeichnet, als was wird er charakterisiert?
4. In welcher Weise wird im zweiten Abschnitt von der Natur gesprochen?
5. Wie umschreibt das hier sprechende Ich seinen seelischen Zustand?
6. Welche »Tagreste« reichen in die Nacht hinüber?
7. Welchen Stellenwert hat die Nacht im zweiten, welchen im dritten Abschnitt?
8. In welcher Weise »vermitteln« sich der erste und dritte Abschnitt?
9. Läßt sich das aus Hegels Dialektik bekannte Schema von These–Antithese–Synthese (als Aufhebung, Versöhnung und Bewahrung) in diesem Gedicht als Gliederungsschema erkennen?
10. Wenn man den ersten Abschnitt des Gedichts als Preis der Aufklärung – Zeitalter des Lichts (Siècle de la lumière, enlightenment) – liest, könnte man dann die zwei folgenden »Strophen« als Standortbestimmung der Romantik im Sinne einer Aufhebung der Aufklärung interpretieren?
11. Welche Formen des Transitorischen werden neben dem Tod im letzten Teil des Gedichts genannt?
12. Wie läßt sich das Gedicht lesen, wenn man weiß, daß es anläßlich des plötzlichen Todes von Novalis' Verlobter entstanden ist und sie die im letzten Teil angesprochene zarte Geliebte sein könnte?
13. Wenn es sich auch in diesem Text um sogenannte rhyth-

mische Prosa handelt, welche Stilmittel nähern seine Sprache der »lyrischen Sprache« an?
14. Inwiefern ist der Text eine Hymne?

Novalis: Hymnen an die Nacht. 5. Hymne (1)

1. In welche Sinnabschnitte läßt sich der Text einteilen, und welchen weltgeschichtlichen Phasen sind sie gleichzusetzen?
2. Der Text ist unterteilt in strophenförmig aufgebaute Textpartien und solche, die wie die erste Hymne in rhythmischer Prosa geschrieben sind. Wann wechselt Novalis die Form, und an welche lyrischen Formen knüpft er z. B. in den Strophen »Gehoben ist der Stein [...]« (S. 22–24) an?
3. Welches Bild von der Antike zeichnet der Sprecher? (S. 18–20).
4. Wodurch unterscheidet sich die Antike von dem folgenden, noch andauernden Zeitalter?
5. Wie sieht der Sprecher in diesem Gedicht die Nacht?
6. Wie wird über Christus, Maria, die Jünger, Christi Tod, die Auferstehung gesprochen?
7. Welche Rolle wird Christus zuerkannt?
8. Erscheinen die Aufgaben des Dichters und des Sängers (s. S. 21) miteinander vergleichbar?
9. Wie unterscheiden sich antike und christliche Auffassung des Todes voneinander?
10. Inwiefern läßt sich die Hymne als eine Antwort auf Schillers Gedicht *Die Götter Griechenlands* lesen? Worin bestehen die Unterschiede?

Novalis: Wenn nicht mehr Zahlen und Figuren (2)

1. Was ist mit »Zahlen und Figuren« als »Schlüssel aller Kreaturen« gemeint?
2. Welche Denkform und welche Wissenschaften assoziieren wir mit diesen Begriffen?

3. Welche Form der Welterschließung stellt hier der Sprecher an die Seite des Wissens und sogar über das Weltwissen der »Tiefgelehrten«?
4. Wie beschreibt der Sprecher den neu gewonnenen Zustand?
5. Welche Bedeutung kommt der Poesie und dem »einen geheimen Wort« zu?
6. Vergleiche das Gedicht mit Eichendorffs *Wünschelrute* (24).

Brentano: Der Spinnerin Nachtlied (8)

1. Das Gedicht findet sich in einem Brief Brentanos an seinen Freund Achim von Arnim am 6. September 1802, es gehört in die Entstehungsphase der 1802 in Marburg niedergeschriebenen, jedoch erst 1818 als Fragment veröffentlichten mittelalterlich-altdeutschen Ich-Erzählung von Johannes dem Schreiber *Aus der Chronika eines fahrenden Schülers*. Der Kontext, in dem das Gedicht steht, ist folgender:
   Der Sohn erinnert sich aus seiner frühen Kindheit der Mutter: »[...] und wenn ich sie gleich später in mancherlei Geschäft gesehen, schwebt mir ihr Bild doch meistens betend, singend oder spinnend vor Augen. Wenn sie mich manchmal abends schon im Bette entschlafen glaubte, wachte ich noch und horchte auf das Schnurren ihrer Spindel und ihren rührenden Gesang; denn sie saß spät auf, ihr Brot in Ehren zu verdienen. [...] Einmal weiß ich, daß ich gar sehr weinen mußte; als ich sie nachts bei ihrem Rocken so vor sich hin singen hörte, da fing eine Nachtigall vor unserm Fenster auch an zu singen; es war schon sehr spät, und der volle Mond schien klar und hell. Meine Mutter aber hörte nicht auf zu singen, und sang das Vögelein und sie zugleich. [...] Sie sang aber ein Lied, das lautete also« (Clemens Brentano: Werke. Zweiter Band. Hrsg. von Friedhelm Kemp. München 1963. S. 613).

Welche Spiegelung gibt es zwischen Gedicht und erzählerischem Kontext?

2. Wodurch erreicht Brentano den Eindruck der Einfachheit in diesem Gedicht?
3. Mit welchen »Bausteinen« arbeitet Brentano?
4. Ermitteln Sie die Gründe für die durch Restriktion und Konzentration erreichte selektive Klang- und Bildwirkung, indem Sie die Anzahl der Reime, die Reimvokale, die Endkonsonanten der Reime und die verschiedenen Reimwörter bestimmen und auf identische Reime und Ein- bzw. Zweisilbigkeit der Reime achten.
5. Versuchen Sie, den Text zu paraphrasieren. Hat der Text eine – wie mehrfach behauptet wurde – zyklische und alternierende Bewegung, oder wird in ihm eine Geschichte erzählt, so daß die Reihenfolge der Strophen nicht zu verändern ist?
6. Im Gedicht wird ein Reflexionsprozeß durchschritten, der an ein Ende führt. Der Kontext der *Chronika* verweist ebenfalls darauf, daß die kreisende Zeit im Sinne einer Transzendenz überschritten wird. Zeigen Sie dies anhand folgender Zusammenfassung des Erzählzusammenhangs:

   Als der Junge zur Nachtzeit die Mutter das Lied singen hört, da hat er »zum erstenmal Traurigkeit empfunden und kindische Sorge um den Ernst des Lebens«. Er überlegt sich, ob die Nachtigall nicht »auch lieber geweint als gesungen hätte«. Aber als er fragt: »›Mutter, was singt denn die Nachtigall dazu?‹ Da sagte sie: ›Die Nachtigall sehnt sich und lobet Gott; also tue ich auch.‹ [. . .] Da löschte sie die Lampe aus, und trat vor mein Bettlein und machte mir das Zeichen des Kreuzes auf Stirne, Mund und Herz und küßte mich, und da ich fühlte, daß sie weinte, schlang ich meine Arme um ihren Hals und drückte ihr Antlitz fest an das meinige, und da weinten wir beide. [. . .] Aber warum sie weine, sagte sie mir damals nicht. Darauf entkleidete sie sich und legte sich zu Bette, und betete laut, ich aber sprach ihr nach:

›Herr Jesus, ich will schlafen gehn,
Laß vierzehn Engel bei mir stehn,
Zwei zu meiner Rechten,
Zwei zu meiner Linken,
[...]
Zwei, die mich weisen
Zum himmlischen Paradeise!‹«

Und am folgenden Morgen belehrt die Mutter den Sohn darüber, daß Gott das Gebet dann am meisten gefalle, »wenn die, so es tun, sich so lieben wie wir, aber den lieben Gott doch noch viel mehr als einander« (Clemens Brentano: Werke, ebd., S. 613–616).

Brentano: Frühlingsschrei eines Knechtes aus der Tiefe (10)

1. Informieren Sie sich über Brentanos Biographie. In welchen biographischen Zusammenhang könnte dieses Gedicht eingeordnet werden?
2. Beziehen Sie folgende briefliche Äußerung Brentanos auf das Gedicht: »Der Frühling regt sich, dann empfinde ich immer eine ganz eigentümliche Angst; sie hängt äußerlich mit unbestimmter Erinnerung, innerlich mit unbestimmter Sehnsucht zusammen.«
3. In welch ungewöhnlicher Weise verwendet Brentano das Frühlingsmotiv in seinem Gedicht, wenn Sie es mit anderen Frühlingsgedichten vergleichen?
4. Welche Bilder der Tiefe findet Brentano?
5. Welche Textstellen erinnern an Bibelsprache und biblische Bilderwelt?
6. Wie entwickelt sich in diesem Gedicht die Antithetik von Verzweiflung und Erlösung?
7. Wie verwendet Brentano die Stilmittel der intensivierenden Wiederholung und der Steigerung?
8. Brentano schrieb 1816, also in dem Jahr, in das vermutlich auch die Entstehung des Gedichts fällt, »in Versen werde schier alles zur Lüge und zum Machwerk«. Verzichtet Brentano in seinem Gedicht auf eine Ästhetisie-

rung der Sprache? Stellen Sie zur Überprüfung die in dem Gedicht vorhandenen reichen Reime, Assonanzen, Alliterationen, Anaphern usw. zusammen.

Brentano: Was reif in diesen Zeilen steht (12)

1. Inwiefern kann man diesen Text als eine Poetologie des romantischen Gedichts bezeichnen?
2. Welche Form der Rezeption seiner Lyrik erhofft sich Brentano?
3. Belegen Sie bestimmte poetologische Aussagen des Textes, indem Sie andere Gedichte dieser Ausgabe heranziehen.

Eichendorff: Die zwei Gesellen (20)

1. Bestimmen Sie Metrum, Rhythmus und Reimform in dem Gedicht. Was leisten sie jeweils?
2. Teilen Sie das Gedicht in Erzählsequenzen ein.
3. Welches sind die Lebensentwürfe der zwei Gesellen, die in den ersten beiden Strophen vorgestellt werden?
4. Wie realisiert der erste Geselle seinen Entwurf?
5. Wie distanziert sich der Autor von dieser Art der Lebensführung?
6. Wie realisiert der zweite Geselle seinen Entwurf?
7. Wie nimmt der Autor zu diesem Lebensschicksal Stellung?
8. Welche Alternative deutet der Sprecher in der letzten Strophe an?
9. Lassen sich von hier aus Verbindungen zu Eichendorffs Katholizismus herstellen und erklären?

Eichendorff: Sehnsucht (23)

1. Wie sind die drei Strophen aufgebaut?
2. Warum ist es berechtigt, eine Spiegelachse nach der 12. Zeile anzunehmen?

3. Wie spiegelt sich im Gesang der zwei jungen Gesellen, der ab Zeile 13 zitiert wird, die anfänglich skizzierte Situation wider? Welche Elemente tauchen erneut auf? Wie wird diese Spiegelung von der Reimform unterstützt?
4. Suchen Sie Bilder romantischer Maler, auf denen die Fenstersituation am Anfang des Gedichts dargestellt ist. Erläutern Sie, warum es sich hier um eine für die Romantik bezeichnende und deshalb wohl auch so häufig zitierte Situation handelt.
5. Mit welchen Bildern/Gegenständen wird das im Titel genannte Sehnsuchtsmotiv im Gedicht selbst wieder aufgegriffen?
6. Beschreiben Sie einen romantischen Garten, wie er in der dritten Strophe angedeutet wird, und grenzen Sie diesen englischen vom sogenannten klassizistisch-französischen Garten ab.

## *B. Fragen und Arbeitsaufträge zu einzelnen Gedichtgruppen*

Brentano: Auf dem Rhein (5)
Brentano: Lureley (6)
Loeben: Loreley (13)
Heine: Ich weiß nicht, was soll es bedeuten (29)

1. Sammeln Sie Informationen über die Entstehung der »Rheinromantik« zu Beginn des 19. Jahrhunderts, den heutigen Rheintourismus und den Loreleyfelsen.
2. Vergleichen Sie die beiden Brentano-Gedichte *Auf dem Rhein* und *Lureley* miteinander. Worin sehen Sie Gemeinsamkeiten?
3. Nennen Sie für die Ballade typische Elemente, die Brentano in seinen Gedichten *Auf dem Rhein* und *Lureley* verwendet.
4. Wenn der Loreley-Mythos auch eine Erfindung Brenta-

nos ist, versucht er in seinem Gedicht *Lureley* doch den Anschein zu erwecken, als handle es sich um eine Geschichte aus alter Zeit. Welcher sprachlichen Mittel bedient er sich, um diesen Eindruck zu festigen? Untersuchen Sie unter diesem Aspekt Strophenform, Wortgebrauch, Satzstellung usw. Welche archaisierenden Sprachmittel verwendet Brentano?

5. Erzählen Sie die Handlungsfolge des Gedichts *Lureley* möglichst genau nach.
6. Welche logischen Erzählsprünge stellen Sie dabei fest? Welche Wirkung ergibt sich dadurch?
7. Warum wählt Brentano als »Gegenpart« zur Lore Lay gerade einen Bischof?
8. Wie erscheint Lore Lay als Liebende?
9. Welche neue Sicht fällt auf die vorangegangenen Strophen, wenn in der vorletzten überraschend davon die Rede ist, daß das Lied »ein Priester auf dem Rhein gesungen« habe?
10. Welche Funktion hat es, wenn Loeben in seinem Gedicht mehrfach den Imperativ wählt?
11. Wie distanziert sich Heine vom Loreley-Mythos? Was tragen dazu vor allem die erste und die letzte Strophe bei?
12. Heine sieht die Verführungskraft der Loreley in ihrer »wundersamen, gewaltigen Melodei«. Läßt sich das Gedicht als Auseinandersetzung Heines mit romantischer Lyrik lesen?

Eichendorff: Frische Fahrt (19)
Kerner: Wanderlied (14)
Kerner: Der Wanderer in der Sägmühle (15)
Müller: Wanderschaft (27)
Müller: Wohin? (28)

1. Von wem geht der Impuls zur »Frischen Fahrt« aus? Bestimmen Sie genau Sprecher, Sprecherwechsel und jeweilige Sprechhaltung in Eichendorffs Gedicht.

2. Wie verwendet Eichendorff das Frühlingsmotiv?
3. Welche »Versatzstücke« Eichendorffscher Lyrik tauchen auch in diesem Eichendorff-Gedicht auf? (z. B. »Hörnerklang«).
4. Wie reagiert das lyrische Ich auf die von ihm erfahrene Ansprache?
5. Welche Existenzform weist das Ich zu Beginn der zweiten Strophe von sich (vgl. auch das Gedicht *Zwei Gesellen*, 20)?
6. Welcher Stimmung ergibt sich das lyrische Ich?
7. Wie wird das »Fahrt«- (Lebens-)Ziel vermutlich aussehen?
8. Worin sind der Wanderer in Kerners *Wanderlied* und das lyrische Ich in *Frische Fahrt* einander verwandt? Worin bestehen Unterschiede zwischen den beiden Gedichten?
9. In welcher Weise bedient sich Kerner des romantischen Wanderermotivs, und wie wandelt er es in seinem Gedicht *Der Wanderer in der Sägmühle* ab?
10. Auf welchen Gegensatz baut Kerner sein *Wanderlied* auf?
11. Inwiefern konkretisiert sich das romantische Motiv der Wanderschaft in Müllers gleichnamigem Gedicht?
12. Wie unterscheiden sich die Ziele der Wanderschaft in Eichendorffs *Frische Fahrt* und Müllers *Wohin*?

Tieck: Glosse (4)
Uhland: Glosse (16)

1. Beschreiben Sie die lyrische Form der Glosse.
2. Welches ist nach dem Themagedicht (= die ersten vier Zeilen) das eigentliche Thema der *Glosse* von Tieck?
3. Wie löst Tieck sprachlich das Problem, daß »Liebe in Tönen« denke?
4. Suchen Sie nach Formen der Synästhesie in Tiecks Gedicht.
5. Versuchen Sie die einzelnen Strophen der Tieckschen

*Glosse* zu paraphrasieren. Wo liegen die Schwierigkeiten?

6. Welche Auffassung von Liebe findet hier ihren Ausdruck?
7. Worin äußert sich die Musikalität in Tiecks Gedicht?
8. Wie parodiert Uhland mit seiner *Glosse* die Glossendichtung?

## *C. Textübergreifende Fragen und Arbeitsaufträge zur Lyrik der Romantik*

1. Die romantische Existenzform, vor allem als künstlerische Existenz, hebt sich von der Existenzform des Philisters ab. In welchen der hier wiedergegebenen Gedichte werden diese Existenzformen beschrieben oder einander gegenübergestellt?
2. In einigen Gedichten wird die vom Dichter eingenommene Rolle bestimmt und die Aufgabe der Poesie beschrieben. Tragen Sie entsprechende Textstellen zusammen, und versuchen Sie, das Selbstverständnis romantischer Dichter und romantischer Poesie zu formulieren.
3. Stellen Sie für die romantische Lyrik typische Elemente der Naturbeschreibung zusammen. Zeigen Sie, daß es sich dabei um keine realistischen Naturszenen handelt. Welche anderen Zwecke verfolgt diese Naturdarstellung?
4. Die Romantiker »lesen« im »Buch der Natur«, und die Natur wird so aufgefaßt, als spreche sie zu den Menschen, die für ihre Sprache ein Ohr haben. Suchen Sie Textbeispiele, die diese Naturauffassung belegen können.
5. Die Romantiker entdecken an der Natur eine dämonisch-verführerische Seite. Wie gestalten sie diese Naturansicht in der Lyrik? Welcher Naturwesen bedienen sie sich, um dieses Unheimlich-Dämonische zu personifizieren?

6. Die romantischen Lyriker entdecken, angeregt durch Herder und andere Vertreter des Sturm und Drang, die »Dignität des Volksliedes«. Sie versuchen, dessen Ton zu treffen, indem sie Form und sprachliche Eigentümlichkeiten des Volksliedes für ihre Lyrik übernehmen. Suchen Sie Beispiele.
7. Abgesehen von einigen manieristischen Gedichten des Barock, legten deutsche Dichter niemals zuvor solchen Wert auf Wohlklang und Wortmusik, um die Grenzen zwischen Musik und Poesie aufzuheben. Zeigen Sie an einigen Texten, welcher sprachlicher Mittel sich die Autoren bedienen, um Wohlklang und Wortmusik zu erzeugen.
8. Die Romantiker versuchen, eine die Wirklichkeit kennzeichnende Entzweiung und Entfremdung im Sinne der Hegelschen Synthese aufzuheben und die ursprüngliche Einheit des Seins ahnen zu lassen. Folge des »Sündenfalls«, Folge der Zersetzung dieser ursprünglichen Einheit ist auch die Differenzierung der verschiedenen Sinnesorgane und Wahrnehmungsformen. Ein Weg, diese Einheit wiederherzustellen, sehen sie in der Synästhesie. Suchen Sie Beispiele solcher Synästhesien in den Gedichten.
9. Den romantischen Lyrikern ist nicht nur an Wortmusik und Synästhesie gelegen. Manchmal läßt sich bei ihnen sogar ein wortmagisches Verhältnis zur Wirklichkeit entdecken, ganz im Sinne von Eichendorff: »Und die Welt hebt an zu singen/Triffst du nur das Zauberwort.« Suchen Sie andere Textstellen, die auf solche Wortmagie hinweisen.
10. Obschon die Romantiker an die Magie des Wortes glauben, gehört zu ihrer Erfahrung notwendigerweise auch die Unzulänglichkeit der Sprache. Erläutern Sie anhand einiger Gedichte diese Sprachskepsis, und zeigen Sie, welche Lösungsmöglichkeiten bzw. lyrischen Techniken die romantischen Lyriker fanden, um ihre

sprachskeptischen Einsichten aufzuheben (z. B. endlose Reihungsbildung, Spiegelung, Ironie, Metaphorisierung, Wiederholungsfiguren).

11. Romantische Lyrik gilt vorwiegend als Stimmungslyrik. Suchen Sie Beispiele für spezifisch romantische Stimmungen, und zeigen Sie, welche Textkonstituenten jeweils diesen Ton oder diese Stimmung erzeugen.
12. Die Romantiker verstehen Geschichte nach dem Modell des historischen Dreischritts: von Arkadien durch die Geschichte nach Elysium. Vorweggenommen ist zukünftige Erlösung bzw. ein zukünftiges Elysium im Tod, in der Liebe, im Traum, um nur einige Beispiele zu nennen. Suchen Sie Gedichte, in denen Tod, Liebe, Traum oder andere Schwellensituationen in dieser Weise begegnen.

## *D. Vergleich der Gedichte mit poetologischen Äußerungen von Novalis*

Versuchen Sie die folgenden programmatischen Formulierungen von Novalis anhand der Gedichte zu erläutern (zitiert nach: Novalis Werke. Hrsg. u. komm. von Gerhard Schulz. München 1969):

»Leben ist der Anfang des Todes. Das Leben ist um des Todes willen. Der Tod ist Endigung und Anfang zugleich – Scheidung und nähere Selbstverbindung zugleich. Durch den Tod wird die Reduktion vollendet« (S. 325 f.).

»Nach innen geht der geheimnisvolle Weg. In uns, oder nirgends ist die Ewigkeit mit ihren Welten – die Vergangenheit und Zukunft. Die Außenwelt ist die Schattenwelt – sie wirft ihren Schatten in das Lichtreich. Jetzt scheint's uns freilich innerlich so dunkel, einsam, gestaltlos – aber wie ganz anders wird es uns dünken – wenn diese Verfinsterung vorbei, und der Schattenkörper hinweggerückt ist – wir werden mehr genießen als je, denn unser Geist hat entbehrt« (S. 326).

»[Des Dichters] Worte sind nicht allgemeine Zeichen – Töne sind es – Zauberworte, die schöne Gruppen um sich her bewegen. Wie Kleider der Heiligen noch wunderbare Kräfte behalten, so ist manches Wort durch irgend ein herrliches Andenken, geheiligt und fast allein schon ein Gedicht geworden. Dem Dichter ist die Sprache nie zu arm, aber immer zu allgemein. Er bedarf oft wiederkehrender, durch den Gebrauch ausgespielter Worte. Seine Welt ist einfach, wie sein Instrument – aber eben so unerschöpflich an Melodien« (S. 378 f.).

»Die Welt muß romantisiert werden. So findet man den urspr[ünglichen] Sinn wieder. Romantisieren ist nichts als eine qualit[ative] Potenzierung. Das niedre Selbst wird mit einem bessern Selbst in dieser Operation identificiert. So wie wir selbst eine solche qualit[ative] Potenzenreihe sind. Diese Operation ist noch ganz unbekannt. Indem ich dem Gemeinen einen hohen Sinn, dem Gewöhnlichen ein geheimnisvolles Ansehn, dem Bekannten die Würde des Unbekannten, dem Endlichen einen unendlichen Schein gebe, so romantisiere ich es – Umgekehrt ist die Operation für das Höhere, Unbekannte, Mystische, Unendliche – dies wird durch diese Verknüpfung logarithmisiert – Es bekommt einen geläufigen Ausdruck« (S. 384 f.).

»Die Kunst, auf eine *angenehme* Art zu *befremden*, einen Gegenstand fremd zu machen und doch bekannt und anziehend, das ist die romantische Poetik« (S. 561).

# IV. Verfasser- und Quellenverzeichnis

Bei Gedichten ohne Überschrift steht der Gedichtanfang in Klammern.

Clemens Brentano (1778–1842)

Clemens Brentano: Werke. Erster Band. Hrsg. von Wolfgang Frühwald, Bernhard Gajek u. Friedhelm Kemp. München. Hanser 1968.
Auf dem Rhein, S. 98–101.
Lureley, S. 115–118.
[Wie sich auch die Zeit will wenden], S. 123 f.
Der Spinnerin Nachtlied, S. 131.
[Hör, es klagt die Flöte wieder], S. 144 f.
Frühlingsschrei eines Knechtes aus der Tiefe, S. 329–332.
[Wenn der lahme Weber träumt, er webe], S. 611.
[Was reif in diesen Zeilen steht], S. 619.

Joseph von Eichendorff (1788–1857)

Joseph von Eichendorff: Gedichte. Eine Auswahl. Mit einem Nachw. von Konrad Nussbächer. Stuttgart: Reclam 1957. (Reclams UB Nr. 7925 [2].)
Abschied, S. 64 f.
Zwielicht, S. 5 f.
Frische Fahrt, S. 3.
Die zwei Gesellen, S. 36 f.
Der frohe Wandersmann, S. 4 f.
Der Abend, S. 22 f.
Sehnsucht, S. 20 f.
Wünschelrute, S. 58.
Meeresstille, S. 148 f.
Mondnacht, S. 134 f.

Heinrich Heine (1797–1856)

Heinrich Heine: Buch der Lieder. Hrsg. von Bernd Kortländer. Stuttgart: Reclam 1990. (Reclams UB Nr. 2231 [5].)
[Ich weiß nicht, was soll es bedeuten], S. 115 f.
Wahrhaftig, S. 68.
[Sie saßen und tranken am Teetisch], S. 103.

Justinus Kerner (1786–1862)

Justinus Kerner: Ausgewählte Werke. Hrsg. von Gunter Grimm. Stuttgart: Reclam 1981. (Reclams UB Nr. 3857 [7].)
Wanderlied, S. 5 f.
Der Wanderer in der Sägmühle, S. 21.

Otto Heinrich Graf von Loeben (1786–1825)

Gedichte der Romantik. Hrsg. von Wolfgang Frühwald. Stuttgart: Reclam 1984. (Reclams UB Nr. 8230 [5].)
Loreley, S. 274.

Wilhelm Müller (1794–1827)

Gedichte der Romantik, ebd.
Wanderschaft, S. 356.
Wohin?, S. 357.

Novalis (Friedrich von Hardenberg) (1772–1801)

Novalis: Gedichte. Die Lehrlinge zu Sais. Hrsg. von Johannes Mahr. Stuttgart: Reclam 1984. (Reclams UB Nr. 7991 [4].)
Hymnen an die Nacht (Erste und fünfte Hymne), S. 149 f. u. 155–160.

Novalis (Friedrich von Hardenberg): Heinrich von Ofterdingen. Ein Roman. Hrsg. von Wolfgang Frühwald. Stuttgart: Reclam 1987. (Reclams UB Nr. 8939 [3].)
[Wenn nicht mehr Zahlen und Figuren], S. 178 f.

Ludwig Tieck (1773–1853)

Gedichte der Romantik. Hrsg. von Wolfgang Frühwald. Stuttgart: Reclam 1984. (Reclams UB Nr. 8230 [5].)
Melankolie, S. 147 f.
Glosse, S. 162 f.

Ludwig Uhland (1787–1862)

Gedichte der Romantik, ebd.
Glosse, S. 297 f.

# V. Literaturhinweise


## *Romantik*

Bänsch, Dieter (Hrsg.): Zur Modernität der Romantik. Stuttgart 1977.

Benz, Richard: Die deutsche Romantik. Geschichte einer geistigen Bewegung. Leipzig [5]1956.

Brinkmann, Richard (Hrsg.): Romantik in Deutschland. Ein interdisziplinäres Symposium. Stuttgart 1978.

Die europäische Romantik. Mit Beiträgen von Ernst Behler [u. a.]. Frankfurt a. M. 1972.

Hoffmeister, Gerhart: Deutsche und europäische Romantik. Stuttgart 1978.

Huch, Ricarda: Die Romantik. Blütezeit, Ausbreitung und Verfall. 2 Bde. Leipzig 1920.

Immerwahr, Raymond: Romantisch. Genese und Tradition einer Denkform. Frankfurt a. M. 1972.

Kluckhohn, Paul: Das Ideengut der deutschen Romantik. Tübingen [5]1966.

Peter, Klaus (Hrsg.): Romantikforschung seit 1945. Königstein i. Ts. 1980.

Pikulik, Lothar: Romantik als Ungenügen an der Normalität. Frankfurt a. M. 1979.

Prang, Helmut (Hrsg.): Begriffsbestimmung der Romantik. Darmstadt 1968.

Praz, Mario: Liebe, Tod und Teufel. Die schwarze Romantik. 2 Bde. München 1970.

Ribbat, Ernst (Hrsg.): Romantik. Ein literaturwissenschaftliches Studienbuch. Königstein i. Ts. 1979.

Romantik heute. Friedrich Schlegel. Novalis. E.T.A. Hoffmann. Ludwig Tieck, Bonn-Bad Godesberg 1972.

Steffen, Hans (Hrsg.): Die deutsche Romantik. Poetik, Formen und Motive. Göttingen 1967.

Ullmann, Richard / Gotthard, Helene: Geschichte des Begriffs »romantisch« in Deutschland. Vom ersten Aufkommen des Wortes bis ins dritte Jahrzehnt des 19. Jahrhunderts. Berlin 1927. (Nachdruck Nendeln 1967.)

Wiese, Benno von (Hrsg.): Deutsche Dichter der Romantik. Ihr Leben und Werk. Berlin [2]1981.

## *Theoretische Grundlagen der Romantik*

Arendt, Dieter: Der »poetische Nihilismus« in der Romantik. Studien zum Verhältnis von Dichtung und Wirklichkeit in der Frühromantik. 2 Bde. Tübingen 1971.

Benjamin, Walter: Der Begriff der Kunstkritik in der deutschen Romantik. Frankfurt a. M. 1973.

Bohrer, Karl H.: Der Mythos vom Norden. Studien zur romantischen Geschichtsprophetie. Heidelberg 1961.

Hörisch, Jochen. Die fröhliche Wissenschaft der Poesie. Der Universalitätsanspruch von Dichtung in der frühromantischen Poetologie. Frankfurt a. M. 1976.
Kluckhohn, Paul: Persönlichkeit und Gemeinschaft. Studien zur Staatsauffassung der deutschen Romantik. Halle 1925.
Nivelle, Armand: Frühromantische Dichtungstheorie. Berlin 1970.
Polheim, Karl Konrad (Hrsg.): Der Poesiebegriff der deutschen Romantik. Paderborn 1972.
Prang, Helmut: Die romantische Ironie. Darmstadt 1972.
Reiss, Hans: Politisches Denken in der deutschen Romantik. Bern 1966.
Strohschneider-Kohrs, Ingrid: Die romantische Ironie in Theorie und Gestaltung. Tübingen $^{2}$1977.
Timm, Hermann: Die heilige Revolution. Das religiöse Totalitätskonzept der Frühromantik. Schleiermacher–Novalis–Friedrich Schlegel. Frankfurt a. M. 1978.
Unger, Rudolf: Heilige Wehmut. Zum geistes- und seelengeschichtlichen Verständnis einer romantischen Begriffsprägung. In: R. U., Gesammelte Studien. Bd. 3. Darmstadt 1966. S. 181–254.

## *Lyrik der Romantik*

Bevilacqua, Giuseppe: Romantische Lyrik. In: Horst A. Glaser (Hrsg.), Deutsche Literatur. – Eine Sozialgeschichte. Bd. 5: Zwischen Revolution und Restauration: Klassik und Romantik. Reinbek bei Hamburg 1980. S. 229–245.
Bormann, Alexander von: Romantik. In: Walter Hinderer (Hrsg.), Geschichte der deutschen Lyrik. Stuttgart 1983. S. 245–278.
Ewers, Hans-Heino: Aspekte romantischer Lyrik. In: Dieter Steinbach (Hrsg.), Gedichte in ihrer Epoche. Stuttgart 1985. S. 47–64.
Frühwald, Wolfgang: Gedichte in der Isolation. Romantische Lyrik am Übergang von der Autonomie- zur Zweckästhetik. In: Walter Müller-Seidel (Hrsg.), Historizität in Sprach- und Literaturwissenschaft. München 1974. S. 295–311.
Frühwald, Wolfgang: Romantische Lyrik im Spannungsfeld von Esoterik und Öffentlichkeit. In: Klaus von See (Hrsg.), Neues Handbuch der Literaturwissenschaft. Bd. 14: Europäische Romantik I. Hrsg. von Karl R. Mandelkow. Wiesbaden 1982. S. 355–392.
Killy, Walther: Wandlungen des lyrischen Bildes. Göttingen 1956.
Schulz, Gerhard: Die metaphorische Darstellung des Gegensatzes Einsamkeit–Öffentlichkeit in der deutschen romantischen Lyrik. In: Richard Brinkmann (Hrsg.), Romantik in Deutschland. Stuttgart 1978. S. 611 bis 624.

## *Zu ausgewählten Autoren*

Brentano

Böckmann, Paul: Die romantische Poesie Brentanos und ihre Grundlagen bei Friedrich Schlegel und Tieck. In: Jahrbuch des Freien Deutschen Hochstifts 1934/35. S. 56–176.
Enzensberger, Hans Magnus: Brentanos Poetik. München 1973.
Frühwald, Wolfgang: Leben im Zitat. In: Wolfgang Böhme (Hrsg.), Lieb, Leid und Zeit – über Clemens Brentano. Karlsruhe 1979. S. 27–42.
Frühwald, Wolfgang: Das Spätwerk Clemens Brentanos (1815–1842). Romantik im Zeitalter der Metternich-Restauration. Tübingen 1977.
Frühwald, Wolfgang: Das Wissen und die Poesie. Anmerkungen zu Leben und Werk Clemens Brentanos. In: Detlev Lüders (Hrsg.), Clemens Brentano. Tübingen 1980. S. 47–73.
Gajek, Bernhard: Homo Poeta. Zur Kontinuität der Problematik bei Clemens Brentano. Frankfurt a. M. 1971.
Mittenzwei, Ingrid: Kunst als Thema des frühen Brentano. In: Detlev Lüders (Hrsg.), Clemens Brentano. Tübingen 1980. S. 192–215.
Müller-Seidel, Walter: Brentanos naive und sentimentalische Poesie. In: Jahrbuch der Deutschen Schillergesellschaft 18 (1974) S. 441–465.
Wille, Klaus: Die Signatur der Melancholie im Werk Clemens Brentanos. Bern 1970.
Wollenberg, Friedrich Wilhelm: Brentanos Jugendlyrik. Studien zur Struktur seiner dichterischen Persönlichkeit. Hamburg 1964.

Eichendorff

Adorno, Theodor W.: Zum Gedächtnis Eichendorffs. In: Th. W. A., Noten zur Literatur. Berlin u. Frankfurt a. M. 1958. S. 105–143.
Bormann, Alexander von: Natura loquitur. Naturpoesie und emblematische Formel bei Joseph von Eichendorff. Tübingen 1968.
Frühwald, Wolfgang: Eichendorff-Chronik. Daten zu Leben und Werk. München 1977.
Seidlin, Oskar: Versuche über Eichendorff. Göttingen $^{2}$1978.
Stöcklein, Paul: Eichendorff heute. Stimmen der Forschung. München 1960.
Stöcklein, Paul: Joseph von Eichendorff in Selbstzeugnissen und Bilddokumenten. Reinbek bei Hamburg 1963.

Novalis

Kommerell, Max: Novalis' »Hymnen an die Nacht«. In: Gerhard Schulz (Hrsg.), Novalis. Darmstadt 1970. S. 174–202.
Link, Hannelore: Abstraktion und Poesie im Werk des Novalis. Stuttgart 1971.
Mähl, Hans-Joachim: Die Idee des goldenen Zeitalters im Werk des Novalis.

Studien zur Wesensbestimmung der frühromantischen Utopie und zu ihrer ideengeschichtlichen Voraussetzung. Heidelberg 1965.
Ritter, Heinz: Novalis' »Hymnen an die Nacht«. Ihre Deutung nach Inhalt und Aufbau auf textkritischer Grundlage. Heidelberg [2]1974.
Schulz, Gerhard: Novalis in Selbstzeugnissen und Bilddokumenten. Reinbek bei Hamburg 1969.

Tieck

Böckmann, Paul: Klang und Bild in der Stimmungslyrik der Romantik. In: Gegenwart im Geiste. Festschrift für Richard Benz. Hamburg 1954. S. 103–125.
Günzel, Klaus (Hrsg.): König der Romantik. Das Leben des Dichters Ludwig Tieck in Briefen, Selbstzeugnissen und Berichten. Tübingen 1981.
Kluge, Gerhard: Idealisieren–Poetisieren. Anmerkungen zu poetologischen Begriffen und zur Lyriktheorie des jungen Tieck. In: Jahrbuch der deutschen Schillergesellschaft 13 (1969) S. 308–360.
Ribbat, Ernst: Ludwig Tieck. Studien zur Konzeption und Praxis romantischer Poesie. Kronberg i. Ts. 1978.
Segebrecht, Wulf (Hrsg.): Ludwig Tieck. Darmstadt 1976.

## *Interpretationssammlungen*

Reich-Ranicki, Marcel (Hrsg.): Frankfurter Anthologie. Frankfurt a. M. 1976 ff.
Segebrecht, Wulf (Hrsg.): Gedichte und Interpretationen. Bd. 3: Klassik und Romantik. Stuttgart 1984.
Wiese, Benno von: Die deutsche Lyrik. Form und Geschichte. Düsseldorf 1956.

## *Anthologien*

Gedichte der deutschen Romantik. Hrsg. von Karl Otto Conrady. Königstein i. Ts. 1979.
Gedichte der Romantik. Hrsg. von Wolfgang Frühwald. Stuttgart 1984.
99 romantische Gedichte. Liebesleid und Natursehnsucht: Die Antiträume des Bürgers. Hrsg. von Lienhard Wawrzyn. Berlin 1978.
Romantik. Lyrik mit Materialien. Hrsg. von Hans-Heino Ewers. Stuttgart 1984.
Der Zauberbrunnen. Die Lieder der deutschen Romantik. Ausgew. von Hermann Hesse. Frankfurt a. M. 1977. (Zuerst 1913.)

# Lyrik-Ausgaben

IN RECLAMS UNIVERSAL-BIBLIOTHEK

## *Deutsche Literatur · Eine Auswahl*

---

### *Anthologien*

*An Hölderlin.* Zeitgenössische Gedichte. 130 S. UB 8886

*Blumen auf den Weg gestreut.* Gedichte. 308 S. 16 Farbabb. (Gebunden)

*Deutsche Balladen.* 647 S. UB 8501 (auch gebunden)

*Deutsche Gedichte.* 368 S. UB 8012 (auch gebunden)

*Deutsche Gedichte 1930-1960.* 463 S. UB 7914

*Deutsche Gedichte der sechziger Jahre.* 294 S. UB 8211

*Deutsche Großstadtlyrik.* 525 S. 8 Abb. UB 9448

*Deutsche Liebeslyrik.* 447 S. UB 7759 (auch gebunden)

*Deutsche Lyrik-Parodien.* 335 S. UB 7975

*Deutsche Sonette.* 541 S. UB 9934

*Deutsche Unsinnspoesie.* 117 S. UB 9890

*Die vier Jahreszeiten.* 291 S. (Gebunden)

*Die Wundertüte.* Alte und neue Gedichte für Kinder. 317 S. 15 Abb. (Gebunden)

*Gedichte des Barock.* 413 S. UB 9975

*Gedichte des Expressionismus.* 261 S. UB 8726

*Gedichte der Romantik.* 532 S. UB 8230 (auch gebunden)

*»Komm, heilige Melancholie«.* 592 S. 36 Abb. UB 7984

*Kristallisationen.* Deutsche Gedichte der achtziger Jahre. 182 S. UB 8827

*Lyrik des Exils.* 511 S. UB 8089

*Lyrik des Naturalismus.* 260 S. UB 7807

*Lyrik für Leser.* 159 S. UB 9976

*Moderne deutsche Naturlyrik.* 336 S. 6 Abb. UB 9969

*Nichts ist versprochen.* Liebesgedichte der Gegenwart. 254 S. UB 8559

*Einzelausgaben*

Ausländer, Rose: *Regenwörter.* Gedichte. 115 S. UB 8959

Benn, Gottfried: *Gedichte.* 188 S. UB 8480

Bernstein, F. W.: *Reimweh.* 139 S. UB 9308

Brentano, Clemens: *Gedichte.* 260 S. UB 8669

Brinkmann, Rolf Dieter: *Künstliches Licht.* 167 S. UB 9311

Droste-Hülshoff, Annette v.: *Gedichte.* 176 S. UB 7662

Eich, Günter: *Fabula rasa.* 64 S. UB 8284

Eichendorff, Joseph v.: *Gedichte.* 214 S. UB 7925

Enzensberger, Hans Magnus: *Dreiunddreißig Gedichte.* 75 S. UB 7674

Fleming, Paul: *Deutsche Gedichte.* 190 S. UB 2455

Fried, Erich: *Gedichte.* 80 S. UB 8863

George, Stefan: *Gedichte.* 86 S. UB 8444

Gernhardt, Robert: *Reim und Zeit.* 116 S. UB 8652

Goethe, Johann Wolfgang: *Gedichte.* 252 S. UB 6782

Gomringer, Eugen: *konstellationen.* 156 S. UB 9841

Grass, Günter: *Gedichte.* 88 S. UB 8060

Gryphius, Andreas: *Gedichte.* 173 S. UB 8799

Günther, Johann Christian: *Gedichte.* 103 S. UB 1295

Haller, Albrecht v.: *Die Alpen und andere Gedichte.* 119 S. UB 8963

Hebbel, Friedrich: *Gedichte.* 80 S. UB 3231

Hebel, Johann Peter: *Alemannische Gedichte.* Zweispr. 208 S. UB 8294

Heine, Heinrich: *Buch der Lieder.* 408 S. UB 2231 – *Gedichte.* 208 S. UB 8988 – *Neue Gedichte.* 331 S. UB 2241

Heym, Georg: *Dichtungen.* 86 S. UB 8903

Hille, Peter: *Neue Welten.* 86 S. UB 5101

Hölderlin, Friedrich: *Gedichte.* 248 S. UB 6266

Hofmann v. Hofmannswaldau, Christian: *Gedichte.* 151 S. UB 8889

Holz, Arno: *Phantasus.* 159 S. UB 8549

Jandl, Ernst: *Laut und Luise.* 160 S. UB 9823 - *Sprechblasen.* 96 S. UB 9940

Kästner, Erich: *Gedichte.* 172 S. UB 8373
Karschin, Anna Louisa: *Gedichte und Lebenszeugnisse.* 208 S. UB 8374
Kiwus, Karin: *39 Gedichte.* 71 S. UB 7722
Kleist, Ewald Christian v.: *Sämtliche Werke.* 288 S. UB 211
Klopstock, Friedrich Gottlieb: *Oden.* 184 S. UB 1391
Krolow, Karl: *Gedichte und poetologische Texte.* 67 S. UB 8074
Kunert, Günter: *Gedichte.* 79 S. UB 8380
Lenau, Nikolaus: *Gedichte.* 176 S. UB 1449
Lessing, Gotthold Ephraim: *Sämtliche Gedichte.* 454 S. UB 28
Liliencron, Detlev v.: *Gedichte.* 160 S. UB 7694
Logau, Friedrich v.: *Sinngedichte.* 312 S. UB 706
Mayröcker, Friederike: *Das Anheben der Arme bei Feuersglut.* 79 S. UB 8236
Meyer, C. F.: *Sämtliche Gedichte.* 278 S. UB 9885
Mörike, Eduard: *Gedichte.* 176 S. UB 7661
Morgenstern, Christian: *Alle Galgenlieder.* 315 S. 6 Abb. (Gebunden)
Mühsam, Erich: *Trotz allem Mensch sein.* 192 S. UB 8238
Nietzsche, Friedrich: *Gedichte.* 144 S. UB 7117
Novalis: *Gedichte. Die Lehrlinge zu Sais.* 327 S. UB 7991
Opitz, Martin: *Gedichte.* 216 S. UB 361
Platen, August v.: *Gedichte.* 184 S. UB 291
Rilke, Rainer Maria: *Gedichte.* 324 S. UB 9623 (auch gebunden) – *Duineser Elegien. Die Sonette an Orpheus.* 157 S. UB 9624 – *Fünfzig Gedichte.* 77 S. UB 8291
Rühmkorf, Peter: *Selbstredend und selbstreimend.* 131 S. UB 8390
Schiller, Friedrich: *Gedichte.* 192 S. UB 7714
Schubart, Christian Friedrich Daniel: *Gedichte.* 192 S. UB 1821
Storm, Theodor: *Gedichte.* 173 S. UB 6080
Trakl, Georg: *Werke – Entwürfe – Briefe.* 367 S. UB 8251
Voss, Johann Heinrich: *Idyllen und Gedichte.* 103 S. UB 2332
Wedekind, *Gedichte und Lieder.* 85 S. UB 8578

---

Philipp Reclam jun. Stuttgart